מַסֶּכֶת יוֹמָא

מַסֶּכֶת יוֹמָא

עם ביאורים מאת

משה גרוס וגד מכטה

ואיורים מאת

חננאל תורגמן

קורן ירושלים

משנאות

משנה נאה בהנאה

מבוא

הורים ומחנכים יקרים,

החוויה וההבנה של לימוד המשנה היו לנגד עינינו בכל שלבי יצירת הספר, ממסד ועד הטפחות.

דרכנו בפירוש

א התיימרנו לפרש מחדש את המשנה, אלא התבססנו על דברי הראשונים והאחרונים מפרשי המשנה והגמרא, כמו כן הוספנו מעט הוספות מהתוספתא והירושלמי. דרכנו בפירוש הייתה להביא את הפירוש הקרוב ביותר ללשון המשנה. אמנם פעמים שבגמרא נוספה אוקימתא לדברי המשנה, ולשם כך צירפנו את פירוש רבי עובדיה מברטנורה (מתוך הוצאת 'משנה סדורה'), שלרוב הזכיר אוקימתות אלו.

המשנה מובאת כאן על פי שיטת 'משנה סדורה', העוזרת להבנה ולשינון, ותודתנו נתונה לרב אליהו דורדק על כך ועל הליווי והעצות.

דרכנו בציורים

ישנם שני סוגים של ציורים: יש ציורים מבארים ויש ציורים מלווים. הציורים המבארים באים לעזור ללומד להבין את המציאות המדוברת, שכן פעמים רבות בלי ציור מוחשי קשה להבין את דין המשנה והמציאות שדיברו בה. יש מקומות שבהם הראשונים נחלקו באיזו מציאות מדובר ובהם לא הבאנו כמה ציורים, אלא ציור אחד, התואם למובא בפירוש.

הציורים המלווים באים לאו דווקא לתוספת הבנה, אלא כדי שלימוד המשנה ילווה בחוויה חיובית של לימוד, ולכן הציורים באו בסגנון חי ונושם.

אנו תפילה כי הלימוד במשנה זו יגדיל את החיבה ללימוד התורה בכלל וללימוד המשנה בפרט.

מַסֶּכֶת יוֹמָא

מבוא למסכת יומא

יום הכיפורים הוא יום סליחה וכפרה, יום שבו עבודת בית המקדש הייתה בשיאה וזהו היום היחיד בשנה שהותר לכוהן הגדול להיכנס לקודש הקודשים.

שבעת הפרקים הראשונים עוסקים בעבודת הכוהן הגדול ביום הכיפורים ופרק ח עוסק בענייני הצום.

הכנת הכוהן הגדול ליום הכיפורים

פרק א עוסק בהכנות של הכוהן הגדול לקראת יום הכיפורים: פרישתו מביתו שבעה ימים קודם יום הכיפורים, לימוד העבודות וההכנות בערב יום הכיפורים. הפרק מסיים בתחילת עבודות היום.

עבודות המקדש שנעשות בכל יום

פרק ב מתאר את הפייסות, ההגרלות, שהיו עושים במקדש כדי לזכות בעבודות היום בכל השנה: תרומת הדשן, קרבן התמיד, דישון המזבח הפנימי והמנורה, הקטרת הקטורת והעלאת איברי התמיד למזבח.

עבודת יום הכיפורים

פרק ג ממשיך לדון בהכנות לקראת עבודות היום שבכל השנה במקדש, וממשיך בעבודות הכוהן הגדול ביום הכיפורים: הטבילות והקידושים שהיה עושה בזמן שהיה מחליף את הבגדים בין עבודה לעבודה, הווידוי על הפר הראשון, ההגרלה של השעירים, ומתוך שעסקו בקלפי של ההגרלה, הזכירו אחרים שנדבו פריטים למקדש וזכרו אותם לשבח, ואחרים שלא גילו את סודם לגבי עבודות המקדש וזכרו אותם לגנאי.

פרק ד ממשיך בתיאור עבודות היום: גורל השעירים ושחיטת הפר. שלוש המשניות האחרונות דנות בהבדלים שיש במקדש בין כל השנה ליום הכיפורים.

פרק ה עוסק בסדר הזאות הדמים של הפר והשעיר: בין בדי הארון, על הפרוכת ועל מזבח הזהב.

פרק ו עוסק בעבודת השעיר המשתלח לעזאזל.

פרק ז עוסק בעבודות הכוהן הגדול שאחר שילוח השעיר לעזאזל: קריאת התורה עם הברכות בעזרת הנשים, הקרבת שאר קרבנות היום, הקטרת הקטורת שבין הערביים והדלקת המנורה. עוד מזכירים את הכניסה הנוספת

לקודש הקודשים להוציא את המחתה, פירוט בגדי הכוהנים וסדר החלפתם במהלך עבודות היום.

חמשת העינויים ומצוות התשובה

פרק ח עוסק בדיני מצוות העינוי ביום הכיפורים, ובהמשך דנים בפיקוח נפש שדוחה את יום הכיפורים ובענייני התשובה והתפילות של יום זה.

פרק ראשון

פרק זה עוסק בהכנות של הכוהן הגדול לקראת יום הכיפורים. הכוהן הגדול היה יוצא מביתו שבעה ימים קודם יום הכיפורים ועובר לגור במקדש, ובשבעה ימים אלו היו מלמדים אותו את סדר עבודת יום הכיפורים והוא היה עובד במקדש, כדי שידיו יהיו מיומנות לעבודה. בהמשך, המשנה מתארת את סדר ערב יום הכיפורים במקדש, את השבועה שהיו משביעים את הכוהן הגדול, את המאמצים שנעשו כדי שהכוהן הגדול יישאר ער בלילה ואתה תחילת עבודת היום.

א **שִׁבְעַת יָמִים קֹדֶם יוֹם הַכִּפּוּרִים,**
מַפְרִישִׁין כֹּהֵן גָּדוֹל מִבֵּיתוֹ לְלִשְׁכַּת פַּלְהֶדְרִין.
וּמַתְקִינִין לוֹ כֹּהֵן אַחֵר תַּחְתָּיו,
שֶׁמָּא יֶאֱרַע בּוֹ פְּסוּל.
רַבִּי יְהוּדָה אוֹמֵר:
אַף אִשָּׁה אַחֶרֶת מַתְקִינִין לוֹ,
שֶׁמָּא תָּמוּת אִשְׁתּוֹ, שֶׁנֶּאֱמַר (ויקרא טז, ו):
"וְכִפֶּר בַּעֲדוֹ וּבְעַד בֵּיתוֹ",
"בֵּיתוֹ" – זוֹ אִשְׁתּוֹ.
אָמְרוּ לוֹ:
אִם כֵּן, אֵין לַדָּבָר סוֹף!

רבי עובדיה מברטנורה

שִׁבְעַת יָמִים... מַפְרִישִׁין כֹּהֵן גָּדוֹל. שֶׁכָּל עֲבוֹדוֹת יוֹם הַכִּפּוּרִים – אֵין כְּשֵׁרוֹת אֶלָּא בּוֹ (יומא לב, ב), שֶׁנֶּאֱמַר גַּבֵּי יוֹם הַכִּפּוּרִים (ויקרא טז, לא): "וְכִפֶּר הַכֹּהֵן אֲשֶׁר יִמְשַׁח אֹתוֹ". וְהַפְרָשָׁה זוֹ, נָפְקָא לָן מִדִּכְתִיב בְּשִׁבְעַת יְמֵי הַמִּלּוּאִים (שם ח, לג): "וּמִפֶּתַח אֹהֶל מוֹעֵד לֹא תֵצְאוּ שִׁבְעַת יָמִים", וּכְתִיב בָּתְרֵיהּ (שם, לד): "כַּאֲשֶׁר עָשָׂה בַּיּוֹם הַזֶּה צִוָּה ה' לַעֲשׂת לְכַפֵּר עֲלֵיכֶם", וְדָרְשׁוּ רַבּוֹתֵינוּ: "לַעֲשׂת" – זֶה מַעֲשֵׂה פָּרָה, "לְכַפֵּר עֲלֵיכֶם" – זֶה מַעֲשֵׂה יוֹם הַכִּפּוּרִים; שֶׁהַכֹּהֵן הַשּׂוֹרֵף אֶת הַפָּרָה וְהַכֹּהֵן הָעוֹבֵד בְּיוֹם הַכִּפּוּרִים שְׁנֵיהֶם טְעוּנִים הַפְרָשָׁה מִבֵּיתָם שִׁבְעַת יָמִים, כְּמוֹ שֶׁהָיוּ טְעוּנִים אַהֲרֹן וּבָנָיו בְּשִׁבְעַת יְמֵי הַמִּלּוּאִים: **לְלִשְׁכַּת פַּלְהֶדְרִין.** פְּקִידֵי הַמֶּלֶךְ נִקְרָאִים **פַּלְהֶדְרִין,** וּמִתּוֹךְ שֶׁהַכֹּהֲנִים הַגְּדוֹלִים שֶׁהָיוּ בְּבַיִת שֵׁנִי אַחַר שִׁמְעוֹן הַצַּדִּיק, הָיוּ נוֹתְנִים מָמוֹן כְּדֵי לְשַׁמֵּשׁ בִּכְהֻנָּה גְּדוֹלָה, וּמִתּוֹךְ שֶׁרְשָׁעִים הָיוּ – לֹא הָיוּ מַשְׁלִימִין שְׁנָתָן, וְהָיוּ מִתְחַלְּפִין כָּל שְׁנֵים עָשָׂר חֹדֶשׁ, כִּפְקִידֵי הַמֶּלֶךְ שֶׁהַמֶּלֶךְ מַחֲלִיפָן כָּל שָׁנָה. לְכָךְ נִקְרֵאת לִשְׁכָּה זוֹ **לִשְׁכַּת פַּלְהֶדְרִין: וּמַתְקִינִין לוֹ.** וּמְזַמְּנִין **כֹּהֵן אַחֵר** לִהְיוֹת כֹּהֵן גָּדוֹל **תַּחְתָּיו,** אִם **יֶאֱרַע לוֹ** קֶרִי אוֹ שְׁאָר טֻמְאָה:

אִם כֵּן, אֵין לַדָּבָר סוֹף. אִם כֵּן דְּחָיְשַׁת לְמִיתָה – **אֵין לַדָּבָר סוֹף,** שֶׁמָּא גַּם זוֹ תָּמוּת. אֶלָּא לְטֻמְאָה דִּשְׁכִיחָא – חָיְשִׁינַן, לְפִיכָךְ מַתְקִינִים לוֹ כֹּהֵן אַחֵר. לְמִיתָה דְּלָא שְׁכִיחָא שֶׁיָּמוּת מֵת בְּפֶתַע פִּתְאֹם – לָא חָיְשִׁינַן. הִלְכָּךְ, אֵין מַתְקִינִין לוֹ אִשָּׁה אַחֶרֶת. וַהֲלָכָה כַּחֲכָמִים:

עבודות יום הכיפורים כשרות רק בכוהן הגדול, ולכן היה עליו להישמר מדברים הפוסלים אותו, כגון טומאה. במשנה זו מבואר כי ההכנות מתחילות שבעה ימים קודם יום הכיפורים.

שִׁבְעַת יָמִים קֹדֶם יוֹם הַכִּפּוּרִים, מַפְרִישִׁין, מוציאים, **כֹּהֵן גָּדוֹל מִבֵּיתוֹ** ומאשתו, מחשש שמא הוא ייטמא בטומאת נידה, שזמן הטהרה מטומאה זו הוא שבעה ימים (תוספתא א, א), **לְלִשְׁכַּת פַּלְהֶדְרִין,** לשכה בצפון העזרה, וקראו לה 'פלהדרין' כשמם של פקידי המלך, כי הכוהנים הגדולים בבית שני היו קונים את כהונתם בכסף והיו מתחלפים בכל שנה כפקידי המלך (גמרא ח, ב), **וּמַתְקִינִין** – מכינים **לוֹ כֹּהֵן אַחֵר תַּחְתָּיו,** שיחליף אותו **שֶׁמָּא יֶאֱרַע בּוֹ פְּסוּל,** כגון טומאה. מחליף זה לא צריך לפרוש מביתו שבעה ימים, מפני שההפרשה אינה מעכבת (ר' עקיבא איגר).

רַבִּי יְהוּדָה אוֹמֵר: אַף אִשָּׁה אַחֶרֶת מַתְקִינִין לוֹ, שֶׁמָּא תָמוּת אִשְׁתּוֹ, שֶׁנֶּאֱמַר: "וְכִפֶּר בַּעֲדוֹ וּבְעַד בֵּיתוֹ", "בֵּיתוֹ" - זוֹ אִשְׁתּוֹ. הכוהן הגדול צריך לכפר על ביתו, והאישה היא עיקר הבית. בגמרא (יג, א) מבואר שהכוהן הגדול אסור להיות נשוי לשתי נשים בו-זמנית, ולכן הוא

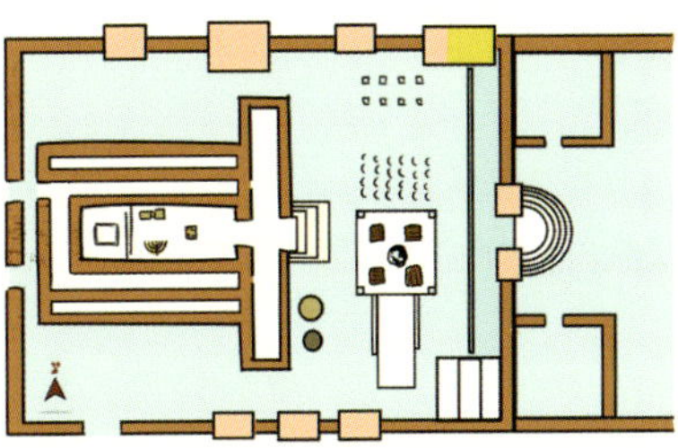

נושא את האישה השנייה על תנאי, שתהיה נשואה לו רק אם תמות האישה הראשונה.

לדעת חכמים, חוששים לטומאה של הכוהן הגדול, שהיא דבר מצוי, אך לא למוות של אשתו, שזהו דבר שאינו מצוי, ולכן **אָמְרוּ לוֹ** חכמים לרבי יהודה: **אִם כֵּן,** אם אתה חושש למיתה של אשת הכוהן הגדול, **אֵין לַדָּבָר סוֹף!** שהרי יש לנו לחוש שמא תמות גם אשתו השנייה והשלישית, וצריך להעמיד לו "אין סוף" נשים.

ב כָּל שִׁבְעַת הַיָּמִים הוּא זוֹרֵק אֶת הַדָּם,
וּמַקְטִיר אֶת הַקְּטֹרֶת, וּמֵטִיב אֶת הַנֵּרוֹת,
וּמַקְרִיב אֶת הָרֹאשׁ וְאֶת הָרֶגֶל.
וּשְׁאָר כָּל הַיָּמִים,
אִם רָצָה לְהַקְרִיב – מַקְרִיב,
שֶׁכֹּהֵן גָּדוֹל מַקְרִיב חֵלֶק בָּרֹאשׁ וְנוֹטֵל חֵלֶק בָּרֹאשׁ.

רבי עובדיה מברטנורה

הוּא זוֹרֵק אֶת הַדָּם שֶׁל תְּמִידִים, כְּדֵי שֶׁיְּהֵא רָגִיל בָּעֲבוֹדָה: **וּמֵטִיב אֶת הַנֵּרוֹת.** מְדַשְּׁנָן מִן הָאֵפֶר שֶׁל הַפְּתִילוֹת שֶׁכָּבוּ: **וּשְׁאָר כָּל הַיָּמִים, אִם יִרְצֶה לְהַקְרִיב** כָּל קָרְבָּן שֶׁיִּרְצֶה – **מַקְרִיב,** וְאֵין אַנְשֵׁי הַמִּשְׁמָר יְכוֹלִין לְעַכֵּב עַל יָדוֹ: **מַקְרִיב חֵלֶק בָּרֹאשׁ.** רֹאשׁ הוּא לְהַקְרִיב כָּל חֵלֶק שֶׁיִּבְחַר: **וְנוֹטֵל חֵלֶק בָּרֹאשׁ.** בַּחֲלוּקַּת הַקֳּדָשִׁים – **נוֹטֵל** מָנָה יָפָה שֶׁיִּבְחַר לוֹ. וְהָנֵי מִלֵּי בְּקָדְשֵׁי מִזְבֵּחַ, אֲבָל בְּקָדְשֵׁי גְּבוּל – אֶחָד כֹּהֵן גָּדוֹל וְאֶחָד כֹּהֵן הֶדְיוֹט חוֹלְקִים בְּשָׁוֶה:

במשך שבעת הימים שהכוהן הגדול היה במקדש הוא התאמן על עבודות המקדש כדי שידיו יהיו רגילות ומיומנות ביום הכיפורים, שבו רק הכוהן הגדול עובד במקדש, ונוסף לכך עבודותיו מרובות והוא שרוי בתענית.

כָּל שִׁבְעַת הַיָּמִים שבהם הכוהן הגדול נמצא במקדש **הוּא** שוחט, מקבל ו**זוֹרֵק אֶת הַדָּם** של קרבנות התמיד, **וּמַקְטִיר אֶת הַקְּטֹרֶת** בבוקר ובערב, **וּמֵטִיב,** מדליק, **אֶת הַנֵּרוֹת** שבמנורה, והטבת הנרות כוללת גם את ניקוי האפר והחלפת הפתילות (רמב"ם), ויש אומרים שבבוקר רק ניקו את האפר אך לא הדליקו את המנורה (רש"י), **וּמַקְרִיב** אל המזבח **אֶת הָרֹאשׁ וְאֶת הָרֶגֶל** – התנא הזכיר את האיברים הראשונים שמעלים למזבח, כמבואר לקמן ב, ג, והכוהן הגדול היה מעלה את כל איברי התמיד למזבח (רמב"ם הלכות עבודת יום הכיפורים א, ה).

וּשְׁאָר כָּל הַיָּמִים, בכל השנה, **אִם רָצָה לְהַקְרִיב - מַקְרִיב. שֶׁכֹּהֵן גָּדוֹל מַקְרִיב חֵלֶק בָּרֹאשׁ,** הוא ראשון לכל המקריבים, **וְנוֹטֵל חֵלֶק בָּרֹאשׁ -** בחלוקת בשר הקרבנות שבמקדש הוא בוחר ראשון מאיזה קרבן שירצה. אך בתרומות ומעשרות ושאר מתנות כהונה מחוץ למקדש אין יתרון לכוהן הגדול על פני כוהנים אחרים (תוספתא א, ה).

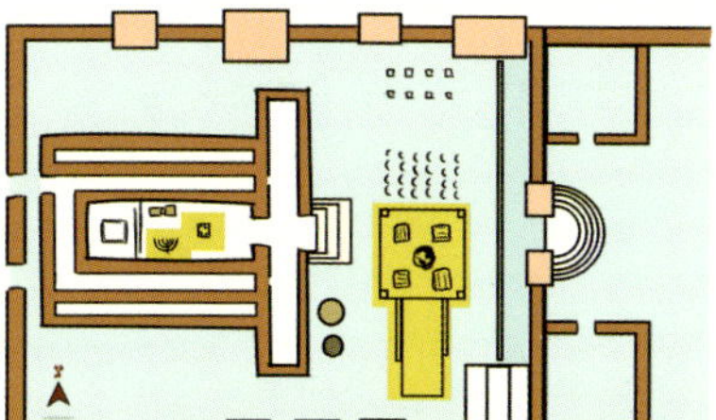

ג מָסְרוּ לוֹ זְקֵנִים מִזִּקְנֵי בֵּית דִּין,
וְקוֹרִין לְפָנָיו בְּסֵדֶר הַיּוֹם,
וְאוֹמְרִים לוֹ:
"אִישִׁי כֹּהֵן גָּדוֹל, קְרָא אַתָּה בְּפִיךָ,
שֶׁמָּא שָׁכַחְתָּ אוֹ שֶׁמָּא לֹא לָמַדְתָּ".

עֶרֶב יוֹם הַכִּפּוּרִים שַׁחֲרִית,
מַעֲמִידִין אוֹתוֹ בְּשַׁעַר הַמִּזְרָח,
וּמַעֲבִירִין לְפָנָיו פָּרִים וְאֵילִים וּכְבָשִׂים,
כְּדֵי שֶׁיְּהֵא מַכִּיר וְרָגִיל בָּעֲבוֹדָה.

רבי עובדיה מברטנורה

וְקוֹרִין לְפָנָיו כָּל שִׁבְעַת הַיָּמִים: **בְּסֵדֶר הַיּוֹם.** בְּפָרָשַׁת "אַחֲרֵי מוֹת": **אִישִׁי.** אֲדוֹנִי: **שֶׁמָּא לֹא לָמַדְתָּ.** בְּמִקְדָּשׁ שֵׁנִי הָיוּ צְרִיכִין לְכָךְ, שֶׁהָיוּ מַעֲמִידִין כֹּהֲנִים גְּדוֹלִים שֶׁאֵינָם מְהֻגָּנִים, עַל פִּי הַמַּלְכוּת. דְּאִלּוּ בְּמִקְדָּשׁ רִאשׁוֹן – לֹא הָיוּ מַעֲמִידִין כֹּהֵן גָּדוֹל אֶלָּא הַגָּדוֹל שֶׁבַּכֹּהֲנִים: בְּחָכְמָה, בְּנוֹי, בְּכֹחַ וּבְעֹשֶׁר. וְאִם לֹא הָיָה לוֹ עֹשֶׁר – אֶחָיו הַכֹּהֲנִים מְגַדְּלִין אוֹתוֹ מִשֶּׁלָּהֶם. שֶׁנֶּאֱמַר (ויקרא כא, י): "וְהַכֹּהֵן הַגָּדוֹל מֵאֶחָיו" – גַּדְּלֵהוּ מִשֶּׁל אֶחָיו: **שֶׁיְּהֵא מַכִּיר.** מִתְבּוֹנֵן בַּבְּהֵמוֹת הָעוֹבְרוֹת לְפָנָיו, לָתֵת אֶל לִבּוֹ הִלְכוֹת סֵדֶר הַיּוֹם:

במשנה זו מתואר כיצד הכוהן הגדול היה מתכונן ליום הכיפורים בכל שבעת הימים ובערב יום הכיפורים.

מָסְרוּ לוֹ זְקֵנִים מִזִּקְנֵי בֵּית דִּין שִׁילַמְּדוּ אִתּם במשך שבעת הימים את סדר העבודה של יום הכיפורים, **וְקוֹרִין לְפָנָיו בְּסֵדֶר הַיּוֹם,** בפרשת 'אחרי מות', שבה כתוב סדר העבודה, **וְאוֹמְרִים לוֹ** הזקנים: **"אִישִׁי כֹּהֵן גָּדוֹל, קְרָא אַתָּה בְּפִיךָ, שֶׁמָּא שָׁכַחְתָּ אוֹ שֶׁמָּא לֹא לָמַדְתָּ"** את ההלכות. אמנם כוהן גדול צריך להיות גדול בחכמה ואמור לדעת ולהכיר את סדר העבודה, אך בזמן בית שני היו מעמידים כוהנים גדולים שאינם הגונים ואינם מכירים את סדר העבודה והיו צריכים ללמד אותם (גמרא יח, א).

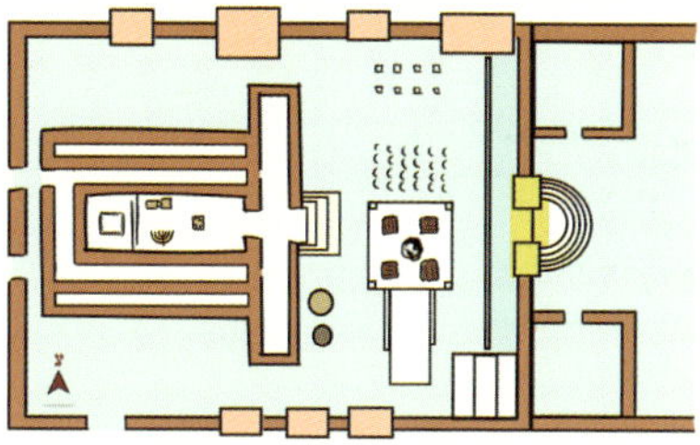

עֶרֶב יוֹם הַכִּפּוּרִים שַׁחֲרִית, מַעֲמִידִין אוֹתוֹ את הכוהן הגדול **בְּשַׁעַר הַמִּזְרָח,** ליד שער ניקנור, במקום גבוה שבו יוכל לראות, **וּמַעֲבִירִין לְפָנָיו פָּרִים וְאֵילִים וּכְבָשִׂים** שאותם מקריבים ביום הכיפורים, **כְּדֵי שֶׁיְּהֵא מַכִּיר וְרָגִיל בַּעֲבוֹדָה** שעל ידי כך יתרגל לסדר העבודה. אך לא היו מעבירים לפניו שעירים, שבאים לכפר על חטאיהם של כל העם, כדי שלא תֶחלש דעתו מהחטאים של העם.

ד כָּל שִׁבְעַת הַיָּמִים,
לֹא הָיוּ מוֹנְעִין מִמֶּנּוּ מַאֲכָל וּמִשְׁתֶּה.

עֶרֶב יוֹם הַכִּפּוּרִים עִם חֲשֵׁכָה,
לֹא הָיוּ מַנִּיחִים אוֹתוֹ לֶאֱכוֹל הַרְבֵּה,
מִפְּנֵי שֶׁהַמַּאֲכָל מֵבִיא אֶת הַשֵּׁנָה.

רבי עובדיה מברטנורה

לֹא הָיוּ מַנִּיחִין אוֹתוֹ לֶאֱכוֹל הַרְבֵּה. אֲפִלּוּ מִן הַמַּאֲכָלִים שֶׁאֵין מְבִיאִים לִידֵי חִמּוּם. וּמוֹנְעִים מִמֶּנּוּ לְגַמְרֵי כָּל מַאֲכָל הַמֵּבִיא לִידֵי חִמּוּם וְקֶרִי, כְּגוֹן: חָלָב, וּבֵיצִים וּבָשָׂר שָׁמֵן וְיַיִן יָשָׁן, וְכַיּוֹצֵא בָּהֶן:

משנה זו מתארת מה אכל הכוהן הגדול בשבעת הימים ובערב יום הכיפורים.

כָּל שִׁבְעַת הַיָּמִים, לֹא הָיוּ מוֹנְעִין מִמֶּנּוּ, מהכוהן הגדול, **מַאֲכָל וּמִשְׁתֶּה**, והיה יכול לאכול מה שירצה וכמה שירצה.

עֶרֶב יוֹם הַכִּפּוּרִים עִם חֲשֵׁכָה, לֹא הָיוּ מַנִּיחִים אוֹתוֹ לֶאֱכוֹל הַרְבֵּה, מִפְּנֵי שֶׁהַמַּאֲכָל מֵבִיא אֶת הַשֵּׁנָה, וחששו שאם הכוהן יירדם הוא עלול לראות קרי וייטמא.

ה **מְסָרוּהוּ זִקְנֵי בֵית דִּין לְזִקְנֵי כְהֻנָּה,**
וְהֶעֱלוּהוּ לַעֲלִיַּת בֵּית אַבְטִינָס,
וְהִשְׁבִּיעוּהוּ וְנִפְטְרוּ וְהָלְכוּ לָהֶם.
וְאָמְרוּ לוֹ:
"אִישִׁי כֹּהֵן גָּדוֹל,
אָנוּ שְׁלוּחֵי בֵית דִּין, וְאַתָּה שְׁלוּחֵנוּ וּשְׁלִיחַ בֵּית דִּין,
מַשְׁבִּיעִין אָנוּ עָלֶיךָ בְּמִי שֶׁשִּׁכֵּן שְׁמוֹ בַבַּיִת הַזֶּה,
שֶׁלֹּא תְשַׁנֶּה דָבָר מִכָּל מַה שֶּׁאָמַרְנוּ לָךְ".
הוּא פוֹרֵשׁ וּבוֹכֶה, וְהֵן פּוֹרְשִׁין וּבוֹכִין.

רבי עובדיה מברטנורה

מְסָרוּהוּ זִקְנֵי בֵית דִּין שֶׁקָּרְאוּ לְפָנָיו בְּסֵדֶר הַיּוֹם, **לְזִקְנֵי כְהֻנָּה** לְלַמְּדוֹ חֲפִינַת הַקְּטֹרֶת, שֶׁנֶּאֱמַר (שם טז, יב): "וּמְלֹא חָפְנָיו קְטֹרֶת סַמִּים". וַעֲבוֹדָה קָשָׁה הָיְתָה: **בֵּית אַבְטִינָס.** הֵם הָעוֹשִׂים אֶת הַקְּטֹרֶת, וְכוֹתְשִׁים אוֹתָהּ, וּמְעָרְבִין סַמְמָנֶיהָ: **וְהִשְׁבִּיעוּהוּ** שֶׁלֹּא יְהֵא צְדוֹקִי לְתַקֵּן הַקְּטֹרֶת עַל הַמַּחְתָּה מִבַּחוּץ וּלְהַכְנִיס מִבִּפְנִים. שֶׁהֵם דּוֹרְשִׁין: "כִּי בֶּעָנָן אֵרָאֶה עַל הַכַּפֹּרֶת" (שם, ב), "כִּי בֶּעָנָן" עֲשַׁן הַקְּטֹרֶת יָבֹא – וְאָז "אֵרָאֶה עַל הַכַּפֹּרֶת". וְאֵין הַדָּבָר כֵּן, שֶׁהֲרֵי הַכָּתוּב אוֹמֵר (שם, יג): "וְנָתַן אֶת הַקְּטֹרֶת עַל הָאֵשׁ לִפְנֵי ה'": **הוּא פוֹרֵשׁ וּבוֹכֶה** שֶׁחֲשָׁדוּהוּ לִצְדוֹקִי: **וְהֵן פּוֹרְשִׁין וּבוֹכִין** עַל שֶׁחֲשָׁדוּהוּ, דְּאָמַר מָר (שבת צז, א): הַחוֹשֵׁד בִּכְשֵׁרִים – לוֹקֶה בְּגוּפוֹ:

חכמים חששו שמא הכוהן הגדול הוא מן הצדוקים והבייתוסים וישנה מסדר העבודה שכתוב בתורה וכפי שפירשוהו חכמים, ולכן היו משביעים אותו שלא ישנה ממה שלימדו אותו.

אחרי שהשביעו את הכוהן הגדול, **מְסָרוּהוּ זִקְנֵי בֵית דִּין** שלימדו אותו את ההלכות **לְזִקְנֵי כְהֻנָּה** שילמדו אותו את חפינת הקטורת, שהיא הייתה מהמלאכות הקשות שבמקדש, **וְהֶעֱלוּהוּ לַעֲלִיַּת בֵּית אַבְטִינָס**, שנמצאת בדרום העזרה, ומשפחת בית אבטינס היו מומחים בעשיית הקטורת (ראה לקמן ג, יא). **וְהִשְׁבִּיעוּהוּ וְנִפְטְרוּ וְהָלְכוּ לָהֶם. וְאָמְרוּ לוֹ: "אִישִׁי כֹּהֵן גָּדוֹל, אָנוּ שְׁלוּחֵי בֵית דִּין, וְאַתָּה שְׁלוּחֵנוּ וּשְׁלִיחַ בֵּית דִּין, מַשְׁבִּיעִין אָנוּ עָלֶיךָ בְּמִי**

שֶׁשִּׁכֵּן שְׁמוֹ בַּבַּיִת הַזֶּה, שֶׁלֹּא תְּשַׁנֶּה דָּבָר מִכָּל מַה שֶּׁאָמַרְנוּ לָךְ" – החשש היה שהכוהן הגדול ישים את הקטורת על האש בעודו בהיכל כדי שייכנס לקודש הקודשים עם ענן הקטורת, וכפי שהצדוקים והבייתוסים הבינו את הפסוק "כי בענן אֵרָאֶה על הכפורת", אך חכמים למדו שהכוהן הגדול צריך להיכנס תחילה לקודש הקודשים ושם מניח את הקטורת על הגחלים (תוספתא א, ח). והיו צריכים להשביע אותו כיוון שבזמן שהכוהן הגדול נכנס לקודש הקודשים אסור לאף אדם להיות בהיכל, ואיש אינו יכול לראותו.

הוּא פּוֹרֵשׁ וּבוֹכֶה, על שחשדו אותו שלא יעשה כפי שלימדו אותו, **וְהֵן פּוֹרְשִׁין וּבוֹכִין,** על שחשדו בכשרים, והם פורשים ממנו כדי לא לבייש אותו כשהוא בוכה (תפארת ישראל).

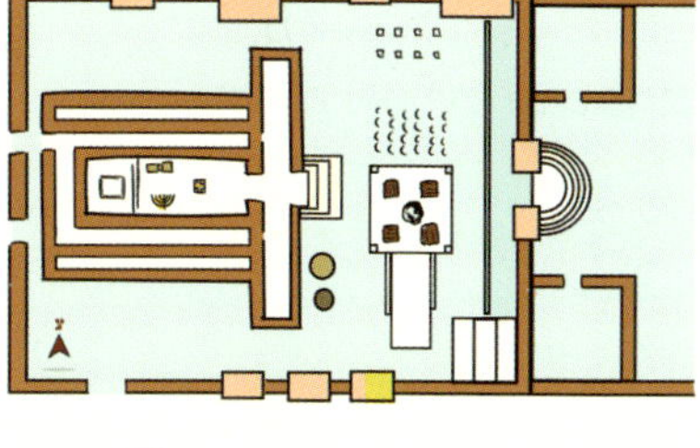

ו **אִם הָיָה חָכָם - דּוֹרֵשׁ,**
וְאִם לָאו - תַּלְמִידֵי חֲכָמִים דּוֹרְשִׁין לְפָנָיו.
וְאִם רָגִיל לִקְרוֹת - קוֹרֵא,

וְאִם לָאו - קוֹרִין לְפָנָיו.
וּבַמֶּה קוֹרִין לְפָנָיו?
בְּאִיּוֹב וּבְעֶזְרָא וּבְדִבְרֵי הַיָּמִים.
זְכַרְיָה בֶּן קְבוּטָל אוֹמֵר:
פְּעָמִים הַרְבֵּה קָרִיתִי לְפָנָיו בְּדָנִיֵּאל.

רבי עובדיה מברטנורה

אִם הָיָה חָכָם - דּוֹרֵשׁ בִּדְבַר הֲלָכָה כָּל לֵיל יוֹם הַכִּפּוּרִים, שֶׁלֹּא יִישַׁן וְיִרְאֶה קֶרִי. **וְאִם** תַּלְמִיד הוּא **וְלֹא** חָכָם, שֶׁיּוֹדֵעַ לְהָבִין וְלִשְׁמֹעַ דְּבַר הֲלָכָה וְאֵינוֹ יוֹדֵעַ לִדְרֹשׁ - **דּוֹרְשִׁים לְפָנָיו בְּאִיּוֹב וּבְעֶזְרָא**, שֶׁהֵן דְּבָרִים הַמּוֹשְׁכִים אֶת הַלֵּב לִשְׁמֹעַ, וְאֵין שֵׁנָה חוֹטַפְתּוֹ:

בליל יום הכיפורים הכוהן הגדול היה צריך להישאר ער כל הלילה, שאם יירדם - שמא ייטמא. המשנה מתארת מה הכוהן הגדול ומלוויו היו לומדים בשעות אלו.

אִם הָיָה הכוהן הגדול **חָכָם - דּוֹרֵשׁ** בדברי הלכה. **וְאִם לָאו**, שאינו חכם לדרוש אך חכם כדי להבין דרשה של אחרים - **תַּלְמִידֵי חֲכָמִים דּוֹרְשִׁין לְפָנָיו.**

וְאִם רָגִיל לִקְרוֹת - קוֹרֵא אחרי הדרשה (תפארת ישראל), **וְאִם לָאו - קוֹרִין לְפָנָיו.**

וּבַמֶּה קוֹרִין לְפָנָיו? בְּאִיּוֹב וּבְעֶזְרָא וּבְדִבְרֵי הַיָּמִים, שאלו ספרים מעניינים ואין חשש שיירדם. ויש שפירשו שאלו ספרים לא מובנים שדורשים הסבר, וההסברים יעוררו את השומעים (רש"ש יח, ב).

זְכַרְיָה בֶּן קְבוּטָל אוֹמֵר: פְּעָמִים הַרְבֵּה קָרִיתִי לְפָנָיו בְּדָנִיֵּאל, שכן בבית שני היו כוהנים גדולים שלא דיברו בעברית אלא בארמית (הלשון המדוברת באותם הימים), ולכן קראו לפניו בדניאל, ששבעת הפרקים הראשונים שלו כתובים בארמית. בירושלמי (א, ו) הוסיפו שפעמים היו קוראים לפניו בתהלים ובמשלי.

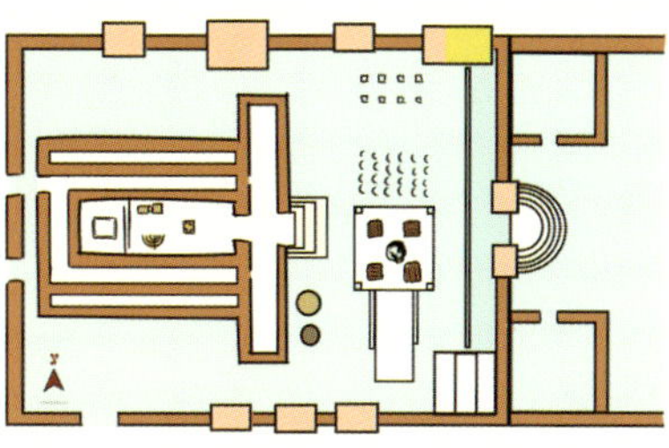

ז **בִּקֵּשׁ לְהִתְנַמְנֵם,**
פִּרְחֵי כְהֻנָּה מַכִּין לְפָנָיו בְּאֶצְבַּע צְרָדָה, וְאוֹמְרִים לוֹ:
"אִישִׁי כֹּהֵן גָּדוֹל,
עֲמֹד וְהָפֵג אַחַת עַל הָרִצְפָּה!"
וּמַעֲסִיקִין אוֹתוֹ עַד שֶׁיַּגִּיעַ זְמַן הַשְּׁחִיטָה.

רבי עובדיה מברטנורה

פִּרְחֵי כְהֻנָּה. בַּחוּרִים שֶׁמַּתְחִיל שְׂעַר זְקָנָם לִפְרֹחַ – קְרוּיִין 'פִּרְחֵי': **בְּאֶצְבַּע צְרָדָה.** הָאֶצְבַּע הַסְּמוּכָה לָאֲגֻדָּל. וּלְשׁוֹן **צְרָדָה** – "צְרָתָא דְּדָא", כְּלוֹמַר צָרָתָהּ שֶׁל הָאֲגֻדָּל הַסְּמוּכָה לָהּ, הָיוּ מְחַבְּרִים הָאֲגֻדָּל בָּאֶצְבַּע הַסְּמוּכָה לָהּ וְשׁוֹמְטָהּ וּמַכֶּה עַל כַּפּוֹ וּמַשְׁמִיעַ קוֹל כְּדֵי שֶׁלֹּא יִישַׁן כֹּהֵן גָּדוֹל: **עֲמֹד.** עַל רַגְלֶיךָ: **וְהָפֵג אַחַת עַל הָרִצְפָּה** שֶׁל שַׁיִשׁ, לְהָסִיר חֻמָּם. שֶׁצִּנּוּן הָרַגְלַיִם מֵסִיר הַשֵּׁנָה. **וְהָפֵג** – לְשׁוֹן הֲסָרָה, כְּמוֹ מְפִיגִין טַעְמָן (ביצה יד, א):

משנה זו מתארת כיצד היו מעוררים את הכוהן הגדול כדי שלא יירדם בליל יום הכיפורים.

בִּקֵּשׁ הכוהן הגדול **לְהִתְנַמְנֵם, פִּרְחֵי,** צעירי, **כְהֻנָּה מַכִּין לְפָנָיו בְּאֶצְבַּע צְרָדָה,** האגודל עם האצבע הסמוכה לה או האצבע השלישית, **וְאוֹמְרִים לוֹ: "אִישִׁי כֹּהֵן גָּדוֹל, עֲמֹד וְהָפֵג** קרר רגל **אַחַת עַל הָרִצְפָּה** הקרה!", שהקירור מסלק את השינה. **וּמַעֲסִיקִין אוֹתוֹ,** בשירה, באמירת פרקי תהלים ובטיולים, **עַד שֶׁיַּגִּיעַ זְמַן הַשְּׁחִיטָה,** שהוא בעלות השחר (לקמן ג, א).

בתוספתא (א, ט) מבואר שגם אחרי החורבן היו נשארים ערים כל הלילה, זכר לימי המקדש.

ח **בְּכָל יוֹם תּוֹרְמִין אֶת הַמִּזְבֵּחַ בִּקְרִיאַת הַגֶּבֶר,**
אוֹ סָמוּךְ לוֹ, בֵּין לְפָנָיו בֵּין לְאַחֲרָיו.
בְּיוֹם הַכִּפּוּרִים – מֵחֲצוֹת,
וּבָרְגָלִים – מֵאַשְׁמוּרָה הָרִאשׁוֹנָה.
וְלֹא הָיְתָה קְרִיאַת הַגֶּבֶר מַגַּעַת,
עַד שֶׁהָיְתָה עֲזָרָה מְלֵאָה מִיִּשְׂרָאֵל.

רבי עובדיה מברטנורה

תּוֹרְמִין אֶת הַמִּזְבֵּחַ. תְּרוּמַת הַדֶּשֶׁן, שֶׁהוּא חוֹתֶה מִן הַדֶּשֶׁן בְּמַחְתָּה, בֵּין רַב בֵּין מְעַט, וְנוֹתְנוֹ בְּמִזְרָחוֹ שֶׁל כֶּבֶשׁ וְנִבְלָע שָׁם בִּמְקוֹמוֹ. וְהִיא הָיְתָה תְּחִלַּת הָעֲבוֹדָה בְּשַׁחֲרִית: **אוֹ סָמוּךְ לוֹ.** סָמוּךְ לִקְרִיאַת הַגֶּבֶר, אוֹ **מִלְּפָנֶיהָ** אוֹ **מִלְּאַחֲרֶיהָ: בְּיוֹם הַכִּפּוּרִים** תּוֹרֵם **מֵחֲצוֹת,** מִשּׁוּם חֻלְשָׁא דְּכֹהֵן גָּדוֹל שֶׁעָלָיו לְבַדּוֹ מֻטָּל הַכֹּל – צָרִיךְ לְהַשְׁכִּים יוֹתֵר: **וּבָרְגָלִים,** דִּנְפִישֵׁי יִשְׂרָאֵל וּנְפִישֵׁי קָרְבָּנוֹת, וְרַב הַדֶּשֶׁן בִּמְקוֹם הַמַּעֲרָכָה, וְצָרִיךְ לְהַעֲלוֹת הַדֶּשֶׁן מִן הַמַּעֲרָכָה לַמָּקוֹם שֶׁבְּאֶמְצַע הַמִּזְבֵּחַ שֶׁשְּׁמוֹ "תַּפּוּחַ", שֶׁלְּשָׁם גַּל גָּדוֹל שֶׁל דֶּשֶׁן צָבוּר וּמְכֻוֶּנֶת כְּתַפּוּחַ – הָיוּ צְרִיכִים לְהַשְׁכִּים יוֹתֵר, וְהָיוּ מַשְׁכִּימִין מִן **הָאַשְׁמֹרֶת הָרִאשׁוֹנָה,** שֶׁהִיא שְׁלִישׁ הַלַּיְלָה: **וְלֹא הָיְתָה קְרִיאַת הַגֶּבֶר מַגַּעַת** בָּרְגָלִים **עַד שֶׁהָיְתָה עֲזָרָה מְלֵאָה מִיִּשְׂרָאֵל** הַמְּבִיאִים קָרְבְּנוֹתֵיהֶם, לְהַקְרִיבָם מִיָּד אַחַר תָּמִיד שֶׁל שַׁחַר:

משנה זו מבארת מתי היו תורמים את הדשן בכל השנה, ביום הכיפורים וברגלים.

תרומת הדשן אינה פינוי של כל הדשן שנמצא במזבח, אלא הכוהן שהיה זוכה בעבודה זו היה עולה למזבח ומפנה מחתה אחת של אפר מהמזבח ומניח אותו בצד מזרח של המזבח, והיה נעשה לו נס שהיה נבלע במקומו (גמרא כא, א). זו הייתה העבודה הראשונה של היום, ועניינה הוא לחבר את עבודת היום הזה לעבודת היום הקודם.

בְּכָל יוֹם תּוֹרְמִין אֶת הַמִּזְבֵּחַ, כלומר מפנים מחתה אחת של דשן מהמזבח, **בִּקְרִיאַת הַגֶּבֶר** התרנגול או הכוהן שהשכים את כל יושבי המקדש, וזמן

זה היה בעלות השחר **אוֹ סָמוּךְ לוֹ, בֵּין לְפָנָיו בֵּין לְאַחֲרָיו,** ואף שעבודה זו נעשתה מוקדם בבוקר, "מימיו לא נתעצל הכהן מלהוציא את הדשן" (תמיד כט, א).

בְּיוֹם הַכִּפּוּרִים - תורמים את דשן המזבח **מֵחֲצוֹת** הלילה, מפני שעבודות היום מרובות לא רצו להעמיס על הכוהן הגדול שיעבוד זמן רב ברציפות ואפשרו לו לנוח בין העבודות. לאחר מכן כוהנים אחרים היו מפנים את האיברים שלא נשרפו, גורפים את האפר ל"תפוח", שהוא מצבור של אפר במרכז המזבח, ומכינים את מערכות המזבח המיוחדות ליום הכיפורים, כמבואר לקמן ד, ו.

וּבָרְגָלִים, שבהם רבים מהעם מגיעים ויש קרבנות רבים - תורמים את דשן המזבח **מֵאַשְׁמוּרָה הָרִאשׁוֹנָה,** שליש הלילה.

וְלֹא הָיְתָה קְרִיאַת הַגֶּבֶר מַגַּעַת ברגלים וביום הכיפורים **עַד שֶׁהָיְתָה עֲזָרָה מְלֵאָה מִיִּשְׂרָאֵל** שבאו ברגלים להקריב את קרבנותיהם, וביום הכיפורים לראות את הכוהן הגדול בתפארתו.

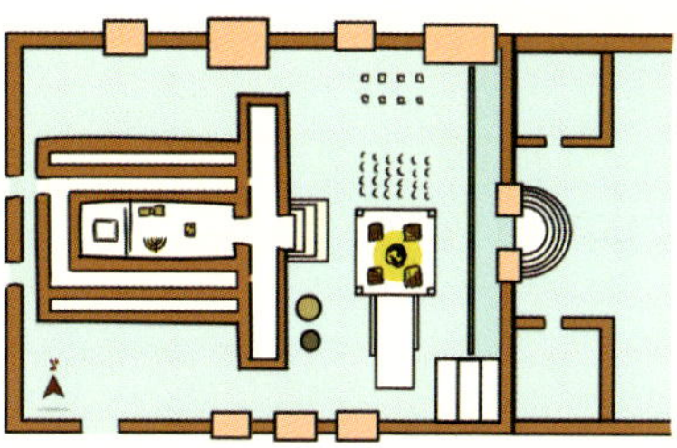

א **בָּרִאשׁוֹנָה,**
כָּל מִי שֶׁרוֹצֶה לִתְרוֹם אֶת הַמִּזְבֵּחַ - תּוֹרֵם.
וּבִזְמַן שֶׁהֵן מְרֻבִּין -
רָצִין וְעוֹלִין בַּכֶּבֶשׁ,
וְכָל הַקּוֹדֵם אֶת חֲבֵרוֹ בְּאַרְבַּע אַמּוֹת - זָכָה.
וְאִם הָיוּ שְׁנֵיהֶם שָׁוִין -
הַמְמֻנֶּה אוֹמֵר לָהֶם: "הַצְבִּיעוּ!"
וּמָה הֵן מוֹצִיאִין?
אַחַת אוֹ שְׁתַּיִם.
וְאֵין מוֹצִיאִין אֲגוּדָל בַּמִּקְדָּשׁ.

רבי עובדיה מברטנורה

בָּרִאשׁוֹנָה, כָּל מִי שֶׁרוֹצֶה לִתְרֹם. כָּל כֹּהֵן שֶׁהוּא מֵאוֹתוֹ בֵּית אָב **וְרוֹצֶה לִתְרֹם אֶת** הַדֶּשֶׁן שַׁחֲרִית - **תּוֹרֵם,** וְלֹא הָיָה פַּיִס בַּדָּבָר: וּבִזְמַן שֶׁהֵם מְרֻבִּים הַבָּאִים לִתְרֹם, זֶה אוֹמֵר: "אֲנִי תּוֹרֵם" וְזֶה אוֹמֵר: "אֲנִי תּוֹרֵם" - זֶה הָיָה מִשְׁפָּטָם: רָצִים וְעוֹלִים בְּכֶבֶשׁ הַמִּזְבֵּחַ, שֶׁהוּא ל"ב אַמָּה אֹרֶךְ: וְכָל הַקּוֹדֵם לִכָּנֵס לְתוֹךְ אַרְבַּע אַמּוֹת עֶלְיוֹנוֹת שֶׁל כֶּבֶשׁ הַסְּמוּכוֹת לְרֹאשׁ הַמִּזְבֵּחַ, **זָכָה** לִתְרֹם. וְזֶהוּ גּוֹרָלָם:

וְאִם הָיוּ שְׁנֵיהֶם שָׁוִים בִּכְנִיסָתָם - אֵין אֶחָד מֵהֶם זוֹכֶה לִתְרֹם. אֲבָל מֵעַתָּה כֻּלָּם בָּאִין לְהַטִּיל גּוֹרָל. וּמַהוּ הַגּוֹרָל? **הַמְמֻנֶּה** עַל הַפְּיָסוֹת **אוֹמֵר** לְכֻלָּם: **"הַצְבִּיעוּ",** כְּלוֹמַר "הוֹצִיאוּ אֶצְבְּעוֹתֵיכֶם" כָּל אֶחָד יַרְאֶה אֶצְבָּעוֹ, מִפְּנֵי שֶׁאָסוּר לִמְנוֹת אֲנָשִׁים מִיִּשְׂרָאֵל, לְפִיכָךְ הֻצְרְכוּ לְהוֹצִיא הָאֶצְבָּעוֹת, כְּדֵי שֶׁיִּמְנוּ הָאֶצְבָּעוֹת וְלֹא הָאֲנָשִׁים. וְכֵיצַד עוֹשִׂים? מַקִּיפִים וְעוֹמְדִים בַּעֲגוּלָה, וְהַמְמֻנֶּה בָּא וְנוֹטֵל מִצְנֶפֶת מֵרֹאשׁוֹ שֶׁל אֶחָד מֵהֶם וּמִמֶּנּוּ הַפַּיִס מַתְחִיל לִמְנוֹת, וּמוֹצִיא כָּל אֶחָד אֶצְבָּעוֹ. וְהַמְמֻנֶּה מוֹצִיא מִפִּיו סָךְ וּמִנְיָן, אוֹ מֵאָה אוֹ שִׁשִּׁים, הַרְבֵּה יוֹתֵר מִמָּה שֶׁיֵּשׁ שָׁם כֹּהֲנִים, וְאוֹמֵר: "מִי שֶׁיִּכְלֶה חֶשְׁבּוֹן זֶה אֶצְלוֹ - יִזְכֶּה". וּמַתְחִיל לִמְנוֹת מִזֶּה שֶׁנָּטַל מֵרֹאשׁוֹ הַמִּצְנֶפֶת, וְסוֹבֵב וְהוֹלֵךְ וּמוֹנֶה הָאֶצְבָּעוֹת וְחוֹזֵר חֲלִילָה עַד סוֹף הַמִּנְיָן, וּמִי שֶׁהַמִּנְיָן כָּלֶה בּוֹ - הוּא הַזּוֹכֶה. וְכֵן כָּל הַפְּיָסוֹת שֶׁבַּמִּקְדָּשׁ: **אַחַת אוֹ שְׁתַּיִם.** אֶצְבַּע **אַחַת** אִם הוּא בָּרִיא **אוֹ שְׁתַּיִם** אִם הוּא חוֹלֶה. שֶׁהַחוֹלֶה אֵינוֹ יָכוֹל לִכְבֹּשׁ אֶצְבְּעוֹתָיו, וּכְשֶׁמּוֹצִיא אַחַת - יוֹצְאָה חֲבֶרְתָּהּ עִמָּהּ. וְאֵין הַשְּׁתַּיִם נִמְנִין אֶלָּא אַחַת:

וְאֵין מוֹצִיאִים אֲגוּדָל בַּמִּקְדָּשׁ. מִפְּנֵי הָרַמָּאִים, כְּשֶׁיִּקְרַב הַמִּנְיָן לִכְלוֹת וְיָבִינוּ לְמִי

יִכְלֶה - יוֹצִיא זֶה הָעוֹמֵד לְפָנָיו שְׁתֵּי אֶצְבָּעוֹת כְּדֵי שֶׁיִּמָּנֶה לִשְׁנֵי בְּנֵי אָדָם וִימַהֵר הַמְּנַיֵּן לִכְלוֹת בּוֹ. וְהַמְּמֻנֶּה לֹא יָבִין, לְפִי שֶׁהָאָדָם יָכוֹל לְהַרְחִיק הָאֲגוּדָל מִן הָאֶצְבַּע הַרְבֵּה עַד שֶׁנִּרְאֶה כְּאֶצְבְּעוֹת שְׁנֵי בְּנֵי אָדָם, מָה שֶׁאֵין יָכוֹל לַעֲשׂוֹת כֵּן בִּשְׁאָר אֶצְבָּעוֹת:

במשנה זו מתואר שכדי לזכות בתרומת הדשן, הכוהן היה צריך להגיע ראשון למזבח, ואם היו מגיעים שניים יחד היו עושים פיס, הגרלה, ומי שזכה בפיס - היה תורם את הדשן (ראה הקדמה לפרק זה).

תרומת הדשן היא העבודה הראשונה בעבודות היום במקדש. הכוהן שהיה זוכה בעבודה זו היה עולה למזבח ומרים דשן, כלומר איברים מקרבנות היום הקודם שלא נשרפו כליל, במחתה. עניינה של עבודה זו הוא חיבור עבודות היום לעבודות היום הקודם.

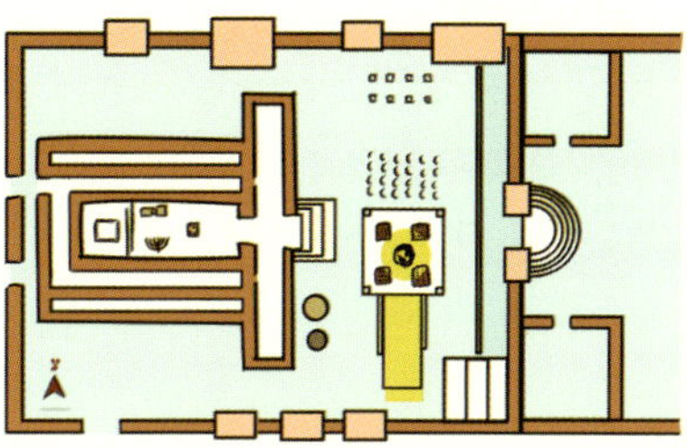

כָּל מִי שֶׁרוֹצֶה לִתְרוֹם אֶת הַמִּזְבֵּחַ, תרומת הדשן - **תּוֹרֵם,** בניגוד למצוות אחרות שהוגבלו לכוהנים מסוימים, כמבואר לקמן.

וּבִזְמַן שֶׁהֵן מְרֻבִּין, שרבים רוצים לזכות במצווה, היו מתחרים ביניהם - **רָצִין וְעוֹלִין בַּכֶּבֶשׁ**, שאורכו היה 32 אמות, **וְכָל הַקּוֹדֵם אֶת חֲבֵרוֹ בְּאַרְבַּע אַמּוֹת** הקרובות למזבח - **זָכָה** במצווה והוא יתרום את הדשן.

וְאִם הָיוּ שְׁנֵיהֶם שָׁוִין, הגיעו ביחד - **הַמְמֻנֶּה אוֹמֵר לָהֶם: "הַצְבִּיעוּ!"** - היו עושים הגרלה, וכיוון שיש איסור למנות אנשים מישראל היו מונים את האצבעות של הכוהנים. וכיוון שעשו הגרלה - כל הכוהנים שרצו לתרום את הדשן היו משתתפים בה ולא רק השניים שהגיעו למזבח ראשונים.

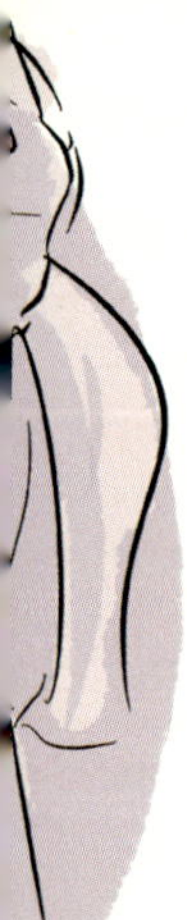

כדי לעשות את ההגרלה, הממונה קבע מראש מספר אקראי, ואחר כך ספרו את אצבעות הכוהנים שעמדו בעיגול, והכוהן שבאצבעו הגיעו לאותו המספר, זכה.

וּמָה הֵן מוֹצִיאִין, איזו אצבע? אצבע **אַחַת אוֹ שְׁתַּיִם**, אם הוא חולה וקשה לו לכופף את האצבעות, אך סופרים אותו כאילו הוציא אצבע אחת. **וְאֵין מוֹצִיאִין אֲגֻדָּל בַּמִּקְדָּשׁ**, מפני הרמאים, שהיו מוציאים אגודל, וכשרואים שהממונה מתקרב אליהם היו מוציאים אצבע נוספת, רחוקה מהאגודל, והממונה היה סופר אותו פעמיים.

ב מַעֲשֶׂה שֶׁהָיוּ שְׁנֵיהֶם שָׁוִין וְרָצִין וְעוֹלִין בַּכֶּבֶשׁ,
וְדָחַף אֶחָד מֵהֶן אֶת חֲבֵרוֹ,
וְנָפַל וְנִשְׁבְּרָה רַגְלוֹ.
וְכֵיוָן שֶׁרָאוּ בֵּית דִּין שֶׁבָּאִין לִידֵי סַכָּנָה -
הִתְקִינוּ שֶׁלֹּא יְהוּ תּוֹרְמִין אֶת הַמִּזְבֵּחַ אֶלָּא בְּפַיִס.
אַרְבָּעָה פְּיָסוֹת הָיוּ שָׁם,
וְזֶה הַפַּיִס הָרִאשׁוֹן.

רבי עובדיה מברטנורה

אֶלָּא בְּפַיִס. זֶה שֶׁפֵּרַשְׁנוּ: **אַרְבַּע פְּיָסוֹת הָיוּ שָׁם.** אַרְבַּע פְּעָמִים בְּיוֹם נֶאֱסָפִים לְפַיִס. וְלֹא הָיוּ מְפִיסִים עַל כֻּלָּם בַּאֲסֵפָה אַחַת, כְּדֵי לְהַשְׁמִיעַ קוֹל אַרְבַּע פְּעָמִים שֶׁיֵּשׁ עַם רַב בָּעֲזָרָה, וְזֶהוּ כְּבוֹדוֹ שֶׁל מֶלֶךְ, שֶׁנֶּאֱמַר (תהלים נה, טו): "בְּבֵית אֱלֹהִים נְהַלֵּךְ בְּרָגֶשׁ":

בהמשך למשנה הקודמת, במשנה זו מתואר מדוע התקינו שתרומת הדשן תֵעשה תמיד בפיס, בהגרלה.

מַעֲשֶׂה שֶׁהָיוּ שְׁנֵיהֶם, שני הכוהנים שרצו לזכות בתרומת הדשן, **שָׁוִין וְרָצִין וְעוֹלִין בַּכֶּבֶשׁ, וְדָחַף אֶחָד מֵהֶן אֶת חֲבֵרוֹ,** כדי שלא ישיג אותו, **וְנָפַל וְנִשְׁבְּרָה רַגְלוֹ.**

וְכֵיוָן שֶׁרָאוּ בֵּית דִּין שֶׁבָּאִין לִידֵי סַכָּנָה - הִתְקִינוּ שֶׁלֹּא יְהוּ תּוֹרְמִין אֶת הַמִּזְבֵּחַ אֶלָּא בְּפַיִס. בגמרא (כג, א) מתואר שהיה מקרה נוסף של אלימות, קשה יותר, שבו הכוהן שרצה להגיע ראשון תקע סכין בליבו של כוהן אחר, ולאחר שני המקרים הבינו חכמים שתחרות בין הכוהנים גורמת לאלימות במקום לחיבוב המצווה, ולכן עברו לעשות פיס.

אַרְבָּעָה פְּיָסוֹת הָיוּ שָׁם, ארבע פעמים היו מתכנסים לפיס כדי לזכות ולקיים את עבודת המקדש, ולא רצו לעשות פיס אחד לכל המצוות כדי להגביר את ההתרגשות במקדש, כפי שאמר דוד המלך (תהלים נה, טו): "בבית אלהים נהלך ברגש" (גמרא כד, ב), **וְזֶה הַפַּיִס הָרִאשׁוֹן,** והפייסות הבאים מתוארים במשניות הבאות.

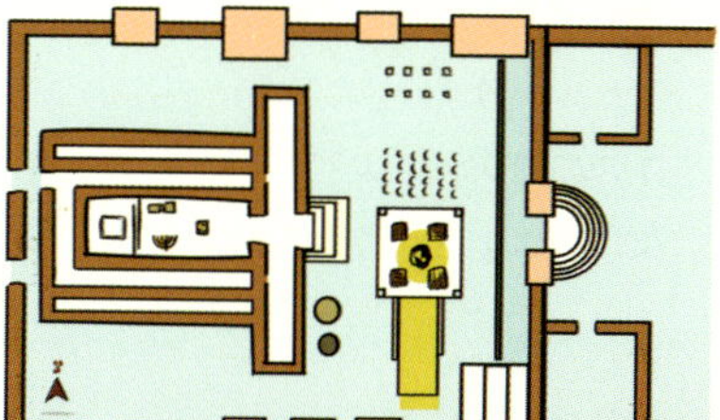

ג הַפַּיִס הַשֵּׁנִי –
מִי שׁוֹחֵט, מִי זוֹרֵק,
מִי מְדַשֵּׁן מִזְבֵּחַ הַפְּנִימִי,
וּמִי מְדַשֵּׁן אֶת הַמְּנוֹרָה,
וּמִי מַעֲלֶה אֵבָרִים לַכֶּבֶשׁ:
הָרֹאשׁ וְהָרֶגֶל, וּשְׁתֵּי הַיָּדַיִם,
הָעֹקֶץ וְהָרֶגֶל, הֶחָזֶה וְהַגֵּרָה, וּשְׁתֵּי הַדְּפָנוֹת,
וְהַקְּרָבַיִם, וְהַסֹּלֶת, וְהַחֲבִתִּין, וְהַיַּיִן.
שְׁלֹשָׁה עָשָׂר כֹּהֲנִים זָכוּ בוֹ.

אָמַר בֶּן עַזַּאי לִפְנֵי רַבִּי עֲקִיבָא מִשּׁוּם רַבִּי יְהוֹשֻׁעַ:
דֶּרֶךְ הִלּוּכוֹ הָיָה קָרֵב.

רבי עובדיה מברטנורה

מִי שׁוֹחֵט אֶת הַתָּמִיד: **מִי זוֹרֵק וְכוּ'.** כָּל הָעֲבוֹדוֹת הַלָּלוּ בְּפַיִס אֶחָד הֵן. שֶׁמִּי שֶׁיִּכְלֶה בּוֹ הַחֶשְׁבּוֹן כְּמוֹ שֶׁפֵּרַשְׁנוּ - זָכָה, וְהוּא **זוֹרֵק** אֶת הַדָּם לַמִּזְבֵּחַ אַחַר שֶׁקִּבֵּל הַדָּם בַּמִּזְרָק שֶׁהַזּוֹרֵק הוּא הַמְקַבֵּל. וְהַסָּמוּךְ לוֹ **שׁוֹחֵט.** וְאַף עַל פִּי שֶׁהַשְּׁחִיטָה קוֹדֶמֶת לְקַבָּלַת הַדָּם; מִכָּל מָקוֹם מִפְּנֵי שֶׁעֲבוֹדַת הַזְּרִיקָה גְּדוֹלָה מִן הַשְּׁחִיטָה, שֶׁהַשְּׁחִיטָה כְּשֵׁרָה בְּזָר מָה שֶׁאֵין כֵּן בִּזְרִיקָה, דִּמְקַבָּלָה וְאֵילָךְ מִצְוַת כְּהֻנָּה - לְפִיכָךְ זָכָה הָרִאשׁוֹן שֶׁהִגִּיעַ לוֹ הַפַּיִס בִּזְרִיקָה, וְהַסָּמוּךְ לוֹ בִּשְׁחִיטָה. וְהַסָּמוּךְ לַשּׁוֹחֵט **מְדַשֵּׁן** אֶת **הַמִּזְבֵּחַ,** וְהַסָּמוּךְ לַמְדַשֵּׁן אֶת הַמִּזְבֵּחַ **מְדַשֵּׁן אֶת הַמְּנוֹרָה.** וְכֵן כֻּלָּם: **הָרֹאשׁ וְהָרֶגֶל** שֶׁל יָמִין, בְּכֹהֵן אֶחָד: **וּשְׁתֵּי הַיָּדַיִם** בְּכֹהֵן שֵׁנִי: **הָעֹקֶץ.** הוּא הַזָּנָב: **וְהָרֶגֶל** שֶׁל שְׂמֹאל, בְּכֹהֵן שְׁלִישִׁי: **הֶחָזֶה.** הוּא שֻׁמַּן הֶחָזֶה הָרוֹאֶה אֶת הַקַּרְקַע, וְחוֹתְכִין אוֹתוֹ אֵילָךְ וְאֵילָךְ בְּלֹא רָאשֵׁי הַצְּלָעוֹת: **וְהַגֵּרָה.** מָקוֹם שֶׁהוּא מַעֲלֶה גֵּרָה, הוּא הַצַּוָּאר, וּבוֹ מְחֻבָּרִים קְנֵה הָרֵאָה עִם הַכָּבֵד וְהַלֵּב. הֶחָזֶה וְהַגֵּרָה בְּכֹהֵן רְבִיעִי: **וּשְׁתֵּי הַדְּפָנוֹת** בְּכֹהֵן חֲמִישִׁי: **וְהַקְּרָבַיִם** בְּשִׁשִּׁי: **וְהַסֹּלֶת.** עִשָּׂרוֹן לְמִנְחַת נִסְכּוֹ שֶׁל תָּמִיד בִּשְׁבִיעִי: **וְהַחֲבִתִּים.** חֲצִי עִשָּׂרוֹן לְמִנְחָתוֹ שֶׁל כֹּהֵן גָּדוֹל שֶׁקְּרֵבָה עִם הַתְּמִידִים בְּכָל יוֹם, שֶׁנֶּאֱמַר (ויקרא ו, יג): "מַחֲצִיתָהּ בַּבֹּקֶר וּמַחֲצִיתָהּ בָּעָרֶב", בִּשְׁמִינִי: **וְהַיַּיִן.** שְׁלֹשָׁה לֻגִּין לְנַסֵּךְ הַתָּמִיד, בִּתְשִׁיעִי: **י"ג כֹּהֲנִים זוֹכִין בּוֹ** בְּפַיִס זֶה, י"ג עֲבוֹדוֹת שֶׁל

כֹּהֲנִים הַמְנוּיוֹת בָּהֶן כְּפִי הַסֵּדֶר הַכָּתוּב בַּמִּשְׁנָה: **כְּדֶרֶךְ הִלּוּכוֹ** בְּחַיָּיו, **הָיָה קָרֵב** הַתָּמִיד. תַּנָּא קַמָּא סָבַר: הַטּוֹב וְהַיָּפֶה קָרֵב תְּחִלָּה. וּבֶן עַזַּאי סָבַר: כְּדֶרֶךְ הִלּוּכוֹ, הָרֹאשׁ וְהָרֶגֶל, הֶחָזֶה וְהַגֵּרָה, וּשְׁתֵּי הַיָּדַיִם, וּשְׁתֵּי הַדְּפָנוֹת, הָעֹקֶץ וְהָרֶגֶל. וְאֵין הֲלָכָה כְּבֶן עַזַּאי:

אחרי שתרמו את הדשן עשו פיס שני שבו קבעו מי יזכה לעשות את עבודות הבוקר של קרבן התמיד, דישון המזבח הפנימי והמנורה ומי יעלה את איברי התמיד לכבש.

לא היו עושים פיס נפרד לכל עבודה, אלא הכוהן שנבחר ראשון הוא שוחט את התמיד, והבא אחריו זורק את הדם וכן הלאה.

הַפַּיִס הַשֵּׁנִי - מִי שׁוֹחֵט את קרבן התמיד של שחר, **מִי זוֹרֵק** את דם קרבן התמיד, והוא גם מקבל את הדם ומוליך אותו למזבח (גמרא כה, ב), **מִי מְדַשֵּׁן מִזְבֵּחַ הַפְּנִימִי,** מוציא את האפר שנשאר מהקטרת הקטורת של יום האתמול, **וּמִי מְדַשֵּׁן אֶת הַמְּנוֹרָה,** ניקוי של האפר והכנת הפתילות והשמן להדלקה, **וּמִי מַעֲלֶה אֵבָרִים לַכֶּבֶשׁ:**

1. **הָרֹאשׁ וְהָרֶגֶל** הימנית, בכוהן אחד, 2. **וּשְׁתֵּי הַיָּדַיִם** בכוהן שני, 3. **הָעֹקֶץ,** הזנב, **וְהָרֶגֶל** השמאלית, 4. שומן **הֶחָזֶה וְהַגֵּרָה,** הצוואר, שבו הקנה, הכבד והלב, 5. **וּשְׁתֵּי הַדְּפָנוֹת,** הצלעות, 6. **וְהַקְּרָבַיִם,** האיברים הפנימיים. את האיברים היו מעלים לכבש, ובפיס הרביעי (לקמן משנה ד) הגרילו מי יזכה להעלותם מהכבש למזבח.

7. **וְהַסֹּלֶת,** עשירית האיפה (מ-1.6 ק"ג קמח בערך) למנחת הנסכים של התמיד, 8. **וְהַחֲבִתִּין,** שתיים-עשרה חלות למנחה של כוהן גדול, שש מהן קרבות עם התמיד של שחר, 9. **וְהַיַּיִן,** 3 לוגים (כ-1.5 ליטר) של יין לנסכים.

סך הכול **שְׁלֹשָׁה עָשָׂר כֹּהֲנִים זָכוּ בּוֹ,** בפיס זה: 4 הראשונים (השוחט, הזורק, מדשן מזבח הפנימי ומדשן המנורה) ועוד 9 שהעלו איברים לכבש.

לא היה פיס לכל עבודה, אלא הכוהן שזכה ראשון בפיס היה שוחט, והבא אחריו זורק את הדם, וכן הלאה.

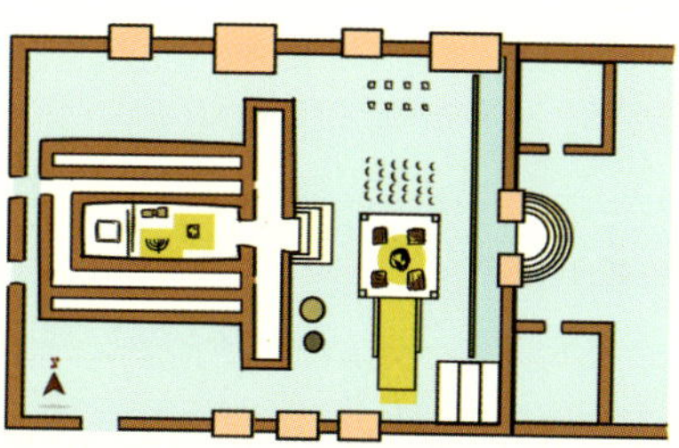

אָמַר בֶּן עַזַּאי לִפְנֵי רַבִּי עֲקִיבָא מִשּׁוּם רַבִּי יְהוֹשֻׁעַ: דֶּרֶךְ הִלּוּכוֹ של הכבש בחייו **הָיָה קָרֵב** למזבח, ולפי דעתו סדר האיברים היה: הראש והרגל, החזה והגֵרָה, שתי הידים, ושתי הדפנות, העוקץ והרגל, והקרביים אחרונים כי הם לא ניכרים בתנועת הבהמה (תוספות יום טוב). ולדעת תנא קמא יש להקדים את האיברים לפי סדר חשיבותם.

1
2
3
4

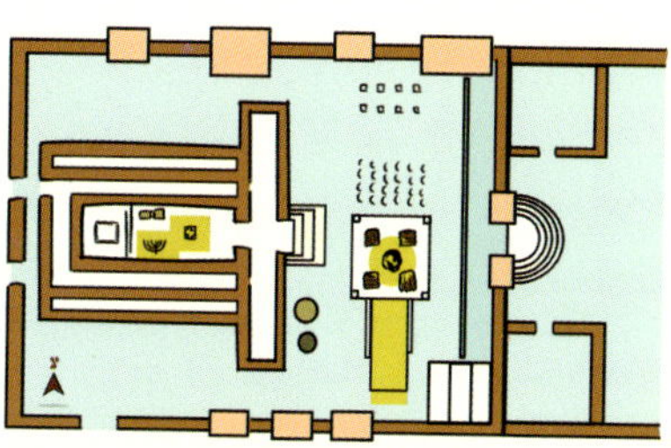

ד

הַפַּיִס הַשְּׁלִישִׁי –
"חֲדָשִׁים לַקְּטֹרֶת בּוֹאוּ וְהָפִיסוּ".
וְהָרְבִיעִי –
"חֲדָשִׁים עִם יְשָׁנִים,
מִי מַעֲלֶה אֵבָרִים מִן הַכֶּבֶשׁ לַמִּזְבֵּחַ".

רבי עובדיה מברטנורה

"חֲדָשִׁים לַקְּטֹרֶת". כָּךְ הָיוּ מַכְרִיזִין בָּעֲזָרָה, כְּלוֹמַר, מִי שֶׁלֹּא זָכָה בַּקְּטֹרֶת כָּל יָמָיו – יָבֹא וְיָפִיס. וְלֹא הָיוּ מַנִּיחִין לְמִי שֶׁזָּכָה בָּהּ פַּעַם אַחַת לִשְׁנוֹת בָּהּ, מִפְּנֵי שֶׁמַּעֲשֶׁרֶת, דִּכְתִיב (דברים לג, י): "יָשִׂימוּ קְטוֹרָה בְּאַפֶּךָ וְכוּ' בָּרֵךְ ה' חֵילוֹ". וּלְפִי שֶׁכָּל כֹּהֵן הַמַּקְטִיר קְטֹרֶת הָיָה מִתְעַשֵּׁר וּמִתְבָּרֵךְ בִּשְׁבִילָהּ – לְפִיכָךְ לֹא הָיוּ מַנִּיחִין לִשְׁנוֹת בָּהּ אָדָם, כְּדֵי שֶׁיִּהְיוּ הַכֹּל מִתְעַשְּׁרִים וּמִתְבָּרְכִים בָּהּ:

חֲדָשִׁים גַּם יְשָׁנִים. מִי שֶׁזָּכָה בַּפַּיִס פְּעָמִים אֲחֵרוֹת, וּמִי שֶׁלֹּא זָכָה בּוֹ מֵעוֹלָם, **בֹּאוּ וְהָפִיסוּ: מִי מַעֲלֶה אֵבָרִים מִן הַכֶּבֶשׁ לַמִּזְבֵּחַ.** כְּשֶׁהָיוּ מוֹלִיכִין הָאֵבָרִים מִבֵּית הַמִּטְבָּחַיִם – לֹא הָיוּ מוֹלִיכִים אוֹתָם לַמִּזְבֵּחַ אֶלָּא נוֹתְנִים אוֹתָם מֵחֲצִי כֶּבֶשׁ וּלְמַטָּה בַּמִּזְרָח, וּמַפִּיסִין פַּיִס אַחֵר **מִי מַעֲלֶה** אוֹתָם מִמְּקוֹם הַנָּחָתָן **בַּכֶּבֶשׁ לַמִּזְבֵּחַ.** וְהָיוּ עוֹשִׂין כֵּן מִשּׁוּם "בְּרָב עָם הַדְרַת מֶלֶךְ" (משלי יד, כח):

משנה זו מתארת מה פייסו בפיס השלישי והרביעי.

הַפַּיִס הַשְּׁלִישִׁי, היו מכריזים בו: **"חֲדָשִׁים לַקְּטֹרֶת בּוֹאוּ וְהָפִיסוּ",** בהקטרת הקטורת במזבח הפנימי הייתה סגולה לעושר וגדולה, ולכן לא אפשרו למי שכבר זכה בקטורת פעם אחת בחייו לזכות בה שוב.

וְהָרְבִיעִי, היו מפייסים בו גם כאלה שזכו בעבר במצווה זו, והכריזו: **"חֲדָשִׁים עִם יְשָׁנִים, מִי מַעֲלֶה אֵבָרִים מִן הַכֶּבֶשׁ לַמִּזְבֵּחַ",** בפיס השני העלו את האיברים לכבש, ועתה היו צריכים ש-6 כוהנים יעלו את האיברים מהכבש למזבח, ויש אומרים שרק כוהן אחד זכה בעבודה זו והעלה את האברים לבדו.

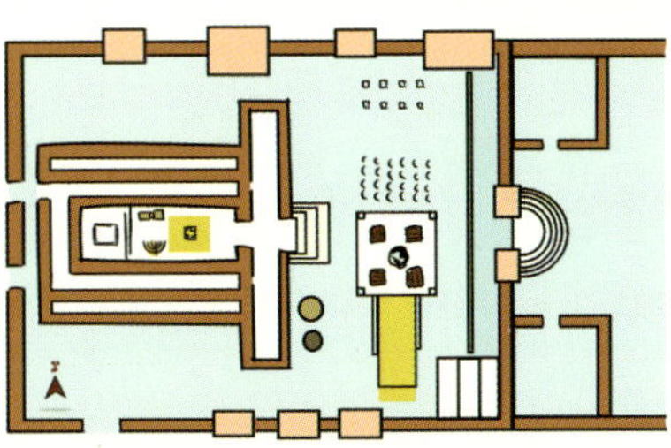

ה **תָּמִיד קָרֵב בְּתִשְׁעָה, בַּעֲשָׂרָה,**
בְּאַחַד עָשָׂר, בִּשְׁנֵים עָשָׂר.
לֹא פָּחוֹת וְלֹא יוֹתֵר.
כֵּיצַד?
עַצְמוֹ – בְּתִשְׁעָה.
בֶּחָג –
בְּיַד אֶחָד צְלוֹחִית שֶׁל מַיִם, הֲרֵי כָּאן עֲשָׂרָה.

בֵּין הָעַרְבַּיִם – בְּאַחַד עָשָׂר:
הוּא עַצְמוֹ בְּתִשְׁעָה,
וּשְׁנַיִם בְּיָדָם שְׁנֵי גְּזִרֵי עֵצִים.

וּבַשַּׁבָּת – בְּאַחַד עָשָׂר:
הוּא עַצְמוֹ בְּתִשְׁעָה,
וּשְׁנַיִם בְּיָדָם שְׁנֵי בָזִכֵּי לְבוֹנָה שֶׁל לֶחֶם הַפָּנִים.

וּבַשַּׁבָּת שֶׁבְּתוֹךְ הֶחָג –
בְּיַד אֶחָד צְלוֹחִית שֶׁל מַיִם.

רבי עובדיה מברטנורה

תָּמִיד קָרֵב. מִשְּׁעַת הוֹלָכַת אֵבָרִים וְאֵילָךְ קָחָשֵׁיב: **עַצְמוֹ** בְּכָל יוֹם **תִּשְׁעָה:** שִׁשָּׁה לָאֵבָרִים וְלַקְּרָבַיִם, כִּדְאָמְרִינַן לְעֵיל, וְאֶחָד לַסֹּלֶת וְאֶחָד לַחֲבִתִּין וְאֶחָד לַיַּיִן: **וּבֶחָג.** שֶׁצָּרִיךְ שְׁנֵי נִסּוּכִין, אֶחָד שֶׁל יַיִן וְאֶחָד שֶׁל מַיִם, **בְּיַד** כֹּהֵן **אֶחָד צְלוֹחִית שֶׁל מַיִם: שֶׁל בֵּין הָעַרְבַּיִם** שֶׁבְּכָל יוֹם, **שְׁנַיִם בְּיָדָם שְׁנֵי גְּזִירֵי עֵצִים,** לְהוֹסִיף עַל עֲצֵי מַעֲרָכָה, דִּכְתִיב (ויקרא א, ז): "וְעָרְכוּ עֵצִים עַל הָאֵשׁ", אִם אֵינוֹ עִנְיָן לְתָמִיד שֶׁל שַׁחַר, שֶׁכְּבָר נֶאֱמַר (שם ו, ה): "וּבִעֵר עָלֶיהָ הַכֹּהֵן עֵצִים" – תְּנֵהוּ עִנְיָן לְתָמִיד שֶׁל בֵּין הָעַרְבַּיִם שֶׁמּוֹסִיפִים שְׁנֵי גְּזִירֵי עֵצִים:

משנה זו מתארת כמה כוהנים עסקו בהקרבת קרבן התמיד של בוקר ושל בין הערביים בכל השנה.

תָּמִיד קָרֵב בְּתִשְׁעָה או **בַּעֲשָׂרָה** או **בְּאַחַד עָשָׂר** או **בִּשְׁנֵים עָשָׂר. לֹא פָּחוֹת וְלֹא יוֹתֵר.**

כֵּיצַד? התמיד **עַצְמוֹ**, האיברים והקרביים, הסולת, החביתין והיין - **בְּתִשְׁעָה** כוהנים, כמבואר לעיל משנה ג.

בֶּחָג הסוכות, שבו היו מנסכים מים על המזבח עם תמיד של שחר (ראה משנה סוכה ד, ט) - **בְּיַד** כוהן **אֶחָד צְלוֹחִית שֶׁל מַיִם, הֲרֵי כָּאן עֲשָׂרָה.**

תמיד של **בֵּין הָעַרְבַּיִם - בְּאַחַד עָשָׂר** כוהנים: **הוּא עַצְמוֹ בְּתִשְׁעָה,** כמו בתמיד של שחר, **וּשְׁנַיִם בְּיָדָם שְׁנֵי גִזְרֵי עֵצִים,** להוסיף על המערכה, ובתמיד של שחר מי שזכה בתרומת הדשן בפיס הראשון העלה עצים למזבח. היו נוהגים להביא עצי תאנה, אגוז או שמן (תמיד ב, ג).

בין הערבים

בחג

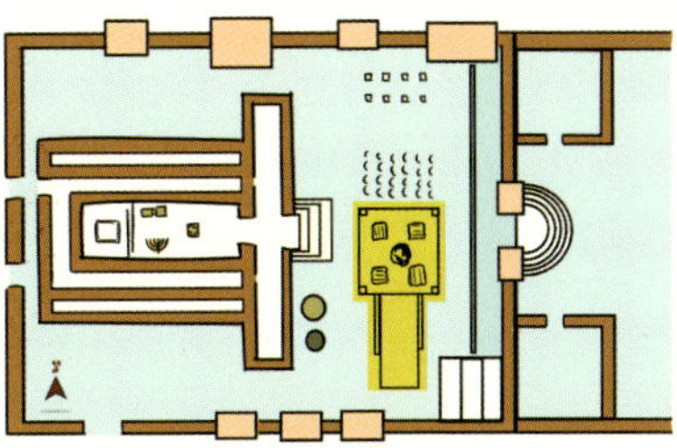

וּבַשַּׁבָּת - בְּאַחַד עָשָׂר: הוּא עַצְמוֹ בְּתִשְׁעָה, וּשְׁנַיִם בְּיָדָם שְׁנֵי בָזִכֵּי לְבוֹנָה שֶׁל לֶחֶם הַפָּנִים, אחרי שהיו שמים את הלחם החדש ועמו שני בזיכי לבונה (כלים כמין שתי כוסות קטנות עם עשב ריחני הנקרא לבונה), היו מחלקים את הלחם של השבת הקודמת בין המשמר הנכנס למשמר היוצא (סוכה ה, ח) ואת בזיכי הלבונה היו מקריבים על המזבח.

וּבַשַּׁבָּת שֶׁבְּתוֹךְ הֶחָג, חג הסוכות - **בְּיַד אֶחָד צְלוֹחִית שֶׁל מַיִם** ושני כוהנים נוספים שבידם שני בזיכי הלבונה, סך הכול 12 כוהנים.

בשבת

ו **אַיִל קָרֵב בְּאַחַד עָשָׂר:**
הַבָּשָׂר - בַּחֲמִשָּׁה,
הַקְּרָבַיִם וְהַסֹּלֶת וְהַיַּיִן - בִּשְׁנַיִם שְׁנַיִם.

רבי עובדיה מברטנורה

הַבָּשָׂר בַּחֲמִשָּׁה. כָּאֵבָרִים שֶׁל כֶּבֶשׂ - כָּךְ אֵבָרִים שֶׁל אַיִל: **הַסֹּלֶת.** שְׁנֵי עֶשְׂרוֹנִים הָיָה, **בִּשְׁנֵי** כֹּהֲנִים:

משנה זו מתארת כמה כוהנים עסקו בהקרבת האיל למזבח.

איל הוא כבש בן שלושה עשר חודשים ויום אחד, וכבש הוא עד שניים עשר חודש (ובחודש השלושה עשר, שאינו כבש או איל, נקרא 'פלגס', ראה משנה פרה א, ג).

אַיִל קָרֵב בְּאַחַד עָשָׂר כוהנים: **הַבָּשָׂר - בַּחֲמִשָּׁה,** כמו איברי הכבש, **הַקְּרָבַיִם וְהַסֹּלֶת וְהַיַּיִן,** שבכבש כל אחד היה בכוהן אחד - **בִּשְׁנַיִם שְׁנַיִם,** כיוון שהאיל גדול יותר - הקרביים שלו כבדים יותר, הסולת שלו מרובה, 2 עשיריות האיפה (מ-3.2 ק"ג קמח בערך), והנסכים שלו מרובים, 4 לוג (כ-2 ליטר).

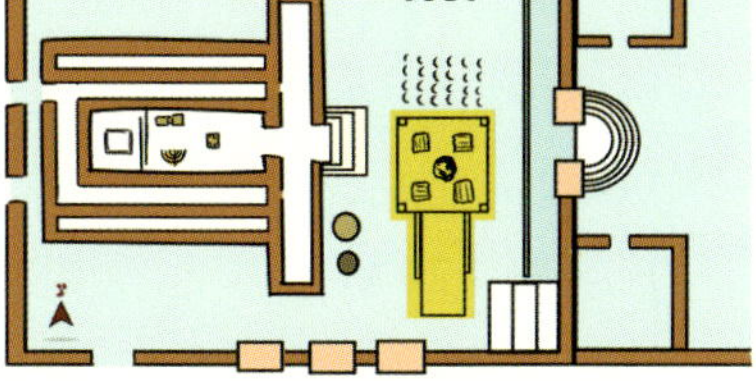

ז פַּר קָרֵב בְּעֶשְׂרִים וְאַרְבָּעָה:
הָרֹאשׁ וְהָרֶגֶל – הָרֹאשׁ בְּאֶחָד, וְהָרֶגֶל בִּשְׁנַיִם.
הָעֹקֶץ וְהָרֶגֶל – הָעֹקֶץ בִּשְׁנַיִם, וְהָרֶגֶל בִּשְׁנַיִם.
הֶחָזֶה וְהַגֵּרָה – הֶחָזֶה בְּאֶחָד, וְהַגֵּרָה בִּשְׁלֹשָׁה.
שְׁתֵּי הַיָּדַיִם בִּשְׁנַיִם.
שְׁתֵּי הַדְּפָנוֹת בִּשְׁנַיִם.
הַקְּרָבַיִם וְהַסֹּלֶת וְהַיַּיִן – בִּשְׁלֹשָׁה שְׁלֹשָׁה.

בַּמֶּה דְּבָרִים אֲמוּרִים?
בְּקָרְבְּנוֹת צִבּוּר.
אֲבָל בְּקָרְבַּן יָחִיד,
אִם רָצָה לְהַקְרִיב – מַקְרִיב.
הֶפְשֵׁטָן וְנִתּוּחָן שֶׁל אֵלּוּ וָאֵלּוּ שָׁוִין.

רבי עובדיה מברטנורה

בַּמֶּה דְּבָרִים אֲמוּרִים דִּבְעֵינַן כָּל הָנֵי כֹּהֲנִים לְכָל בְּהֵמָה וּבָעֵינַן פַּיִס: **אִם רָצָה לְהַקְרִיב** כֹּהֵן יְחִידִי אֶת הַכֹּל וּבְלֹא פַּיִס: **הֶפְשֵׁטָן וְנִתּוּחָן** שֶׁל יָחִיד וְשֶׁל צִבּוּר **שָׁוִין** לִהְיוֹת כְּשֵׁרִים בְּזָר, וְאֵין טְעוּנִין כֹּהֵן:

משנה זו מתארת כמה כוהנים עסקו בהקרבת הפר למזבח.

פַּר, איבריו גדולים וכבדים, ולכן **קָרֵב בְּעֶשְׂרִים וְאַרְבָּעָה** כוהנים: **הָרֹאשׁ וְהָרֶגֶל - הָרֹאשׁ בְּאֶחָד, וְהָרֶגֶל בִּשְׁנַיִם,** כלומר שני כוהנים היו מחזיקים בה יחד, אך לא היו חותכים אותה לשניים. **הָעֹקֶץ,** הזנב, **וְהָרֶגֶל - הָעֹקֶץ בִּשְׁנַיִם, וְהָרֶגֶל בִּשְׁנַיִם. הֶחָזֶה וְהַגֵּרָה,** הצוואר, שבו הקנה, הכבד והלב - **הֶחָזֶה בְּאֶחָד, וְהַגֵּרָה בִּשְׁלֹשָׁה. שְׁתֵּי הַיָּדַיִם בִּשְׁנַיִם. שְׁתֵּי הַדְּפָנוֹת,** הצלעות, **בִּשְׁנַיִם. הַקְּרָבַיִם וְהַסֹּלֶת,** 3 עשיריות האיפה (מ-4.8 ק"ג קמח בערך), **וְהַיַּיִן** 6 לוג (כ-3 ליטר) **בִּשְׁלֹשָׁה שְׁלֹשָׁה.**

בַּמֶּה דְּבָרִים אֲמוּרִים שהיו זקוקים להרבה כוהנים? **בְּקָרְבְּנוֹת צִבּוּר,** כבש - כגון בתמיד, איל - כגון במועדים, פר - כגון בהעלם דבר של ציבור.

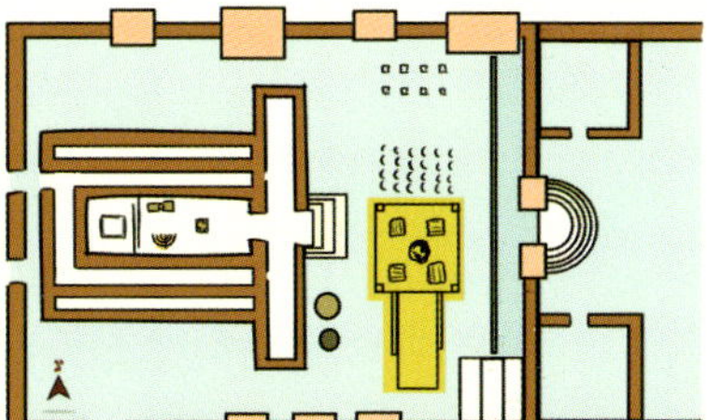

א אָמַר לָהֶם הַמְמֻנֶּה:

"צְאוּ וּרְאוּ, אִם הִגִּיעַ זְמַן הַשְּׁחִיטָה".

אִם הִגִּיעַ, הָרוֹאֶה אוֹמֵר: "בַּרְקַאי"!

מַתִּתְיָא בֶּן שְׁמוּאֵל אוֹמֵר:

"הֵאִיר פְּנֵי כָל הַמִּזְרָח",

"עַד שֶׁבְּחֶבְרוֹן?"

וְהוּא אוֹמֵר: "הֵן".

רבי עובדיה מברטנורה

אָמַר לָהֶם הַמְמֻנֶּה. הוּא הַסְּגָן: **צְאוּ וּרְאוּ** עַל מָקוֹם גָּבֹהַּ שֶׁהָיָה לָהֶם בַּמִּקְדָּשׁ: **זְמַן הַשְּׁחִיטָה.** שֶׁהַשְּׁחִיטָה פְּסוּלָה בַּלַּיְלָה, שֶׁנֶּאֱמַר (ויקרא יט, ו): "בְּיוֹם זִבְחֲכֶם": **בַּרְקַאי.** הֵאִיר וְהִבְרִיק הַשַּׁחַר: **הֵאִיר פְּנֵי הַמִּזְרָח.** זְמַן זֶה אַחַר **בַּרְקַאי** דְּאָמַר תַּנָּא קַמָּא. וַהֲלָכָה כְּמַתִּתְיָה בֶּן שְׁמוּאֵל: **עַד שֶׁבְּחֶבְרוֹן.** אוֹתָן הָעוֹמְדִין לְמַטָּה שׁוֹאֲלִין לוֹ: "הִגִּיעַ הָאוֹר לְחֶבְרוֹן?", **וְהוּא** מֵשִׁיב: **"הֵן".** וּכְדֵי לְהַזְכִּיר זְכוּת אָבוֹת – מַזְכִּירִין חֶבְרוֹן:

במשנה זו מובא זמן הקרבת התמיד במקדש ומתואר כיצד ידעו אותו.

אָמַר לָהֶם, לכוהנים שהיו עולים על החומה או הגג כדי לראות אם עלה השחר, **הַמְמֻנֶּה**, מי שהיה הממונה על הפייסות, ויש אומרים שהוא היה סגן לכוהן הגדול: **"צְאוּ וּרְאוּ, אִם הִגִּיעַ** הבוקר שהוא **זְמַן הַשְּׁחִיטָה"**, שהשחיטה פסולה בלילה.

אִם הִגִּיעַ, הָרוֹאֶה אוֹמֵר: "בַּרְקַאי!", כלומר הגיע ברק האור הראשון.

מַתִּתְיָא בֶּן שְׁמוּאֵל אוֹמֵר: "הֵאִיר פְּנֵי כָל הַמִּזְרָח" והוא זמן מאוחר יותר, **"עַד שֶׁבְּחֶבְרוֹן?"**, כלומר האם הגיע האור עד לחברון, **וְהוּא אוֹמֵר: "הֵן"**, והיה שואל על חברון כדי להזכיר את זכות האבות הקבורים בחברון (ירושלמי א, א).

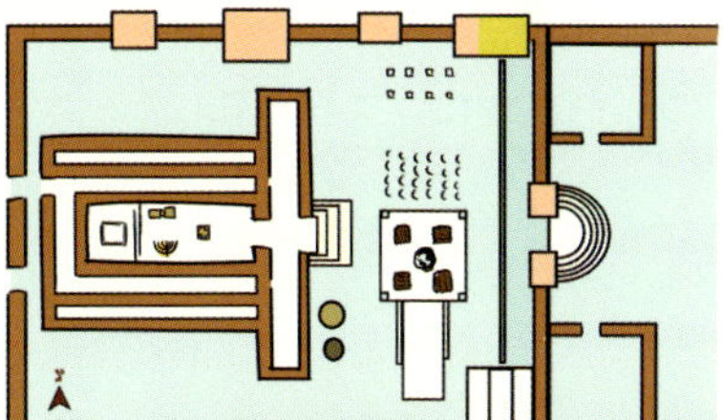

ב וְלָמָּה הֻצְרְכוּ לְכָךְ?
שֶׁפַּעַם אַחַת עָלָה מְאוֹר הַלְּבָנָה,
וְדִמּוּ שֶׁהֵאִיר הַמִּזְרָח,
וְשָׁחֲטוּ אֶת הַתָּמִיד,
וְהוֹצִיאוּהוּ לְבֵית הַשְּׂרֵפָה.
הוֹרִידוּ כֹּהֵן גָּדוֹל לְבֵית הַטְּבִילָה.

זֶה הַכְּלָל הָיָה בַמִּקְדָּשׁ:
כָּל הַמֵּסִיךְ אֶת רַגְלָיו –
טָעוּן טְבִילָה.
וְכָל הַמֵּטִיל מַיִם –
טָעוּן קִדּוּשׁ יָדַיִם וְרַגְלַיִם.

רבי עובדיה מברטנורה

שֶׁפַּעַם אַחַת עָלָה מְאוֹר הַלְּבָנָה. לָאו בְּיוֹם הַכִּפּוּרִים קָאָמַר, דְּאִי אֶפְשָׁר לַעֲלוֹת מְאוֹר הַלְּבָנָה סָמוּךְ לַשַּׁחַר בְּיוֹם הַכִּפּוּרִים, שֶׁהוּא בִּשְׁלִישׁ הַחֹדֶשׁ, אֶלָּא בְּסוֹף אֶחָד מִן הֶחֳדָשִׁים כְּשֶׁהַלְּבָנָה עוֹלָה סָמוּךְ לַעֲלוֹת הַשַּׁחַר אֵרַע זֶה הַטָּעוּת, וְחָשְׁשׁוּ שֶׁמָּא בְּיוֹם הַכִּפּוּרִים יֶאֱרַע טָעוּת אַחֵר כַּיּוֹצֵא בּוֹ, לְכָךְ הֻצְרְכוּ לְכָל זֶה:

הוֹרִידוּ כֹּהֵן גָּדוֹל. מִלְּתָא בְּאַנְפֵּי נַפְשָׁהּ הִיא. וְהַשְׁתָּא מְהַדַּר לְהָא דִּתְנַן לְעֵיל **עַד חֶבְרוֹן וְהוּא אוֹמֵר 'הֵן'.** וּלְאַחַר שֶׁהֵשִׁיב הָרוֹאֶה 'הֵן' – הָיוּ מוֹרִידִין **כֹּהֵן גָּדוֹל לְבֵית הַטְּבִילָה,** שֶׁהָיָה טָעוּן טְבִילָה קֹדֶם שֶׁיִּשְׁחַט הַתָּמִיד: **הַמֵּסֵךְ רַגְלָיו.** כִּנּוּי לִנְקָבִים גְּדוֹלִים:

במשנה זו מבואר מדוע עלו לחומה לבדוק אם הגיע זמן השחיטה, ובהמשכה מתחילים לתאר את ההכנות הראשונות של הכוהן הגדול לקראת עבודות יום הכיפורים.

וְלָמָּה הֻצְרְכוּ לְכָךְ, להעלות כוהנים לחומה שיראו אם עלה השחר? **שֶׁפַּעַם אַחַת עָלָה מְאוֹר הַלְּבָנָה,** בימים האחרונים של החודש, הירח עולה

לקראת סוף הלילה במזרח, וביום מעונן אפשר לטעות ולחשוב שעלה השחר, **וְדִמּוּ שֶׁהֵאִיר הַמִּזְרָח, וְשָׁחֲטוּ אֶת הַתָּמִיד** קודם זמנו, **וְהוֹצִיאוּהוּ לְבֵית הַשְּׂרֵפָה** משום ששחיטתו הייתה פסולה. ומאז העלו כוהן על הגג כדי לוודא שהאור שהם רואים הוא עלות השחר.

קודם שהכוהן הגדול התחיל לעבוד את עבודות יום הכיפורים הוא היה טובל, והמשנה מתארת את הטבילה הראשונה שלו ומנסחת כלל בעניין הטבילה במקדש.

ביום הכיפורים, אחרי שעלה השחר והגיע זמן העבודה **הוֹרִידוּ כֹּהֵן גָּדוֹל לְבֵית הַטְּבִילָה,** שהיה נמצא בשער המים, בדרום המקדש.

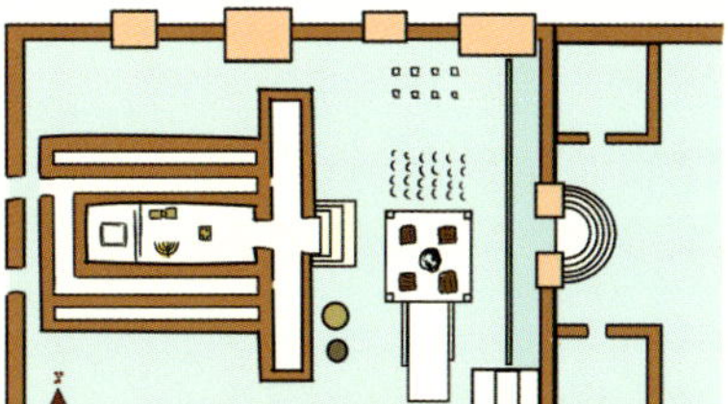

זֶה הַכְּלָל הָיָה בַּמִּקְדָּשׁ: כָּל הַמֵּסִיךְ אֶת רַגְלָיו, עושה את צרכיו הגדולים – **טָעוּן טְבִילָה** של כל הגוף במקווה. **וְכָל הַמֵּטִיל מַיִם,** מי רגלים, **טָעוּן קִדּוּשׁ,** שטיפת, **יָדַיִם וְרַגְלַיִם** מהמים שבכיור, שמא הסיח את דעתו ולא נזהר לגעת בדבר טמא.

ג **אֵין אָדָם נִכְנָס לָעֲזָרָה לַעֲבוֹדָה, אֲפִלּוּ טָהוֹר, עַד שֶׁיִּטְבֹּל.**

חָמֵשׁ טְבִילוֹת וַעֲשָׂרָה קִדּוּשִׁין
טוֹבֵל כֹּהֵן גָּדוֹל וּמְקַדֵּשׁ בּוֹ בַיּוֹם,
וְכֻלָּן בַּקֹּדֶשׁ עַל בֵּית הַפַּרְוָה,
חוּץ מִזּוֹ בִּלְבָד.

רבי עובדיה מברטנורה

לַעֲבוֹדָה. לָאו דַּוְקָא: **עַד שֶׁיִּטְבֹּל.** שֶׁהַדְּבָרִים קַל וָחֹמֶר: וּמַה כֹּהֵן גָּדוֹל הַמְשַׁנֶּה מִקֹּדֶשׁ לְקֹדֶשׁ, מֵעֲבוֹדַת חוּץ לַעֲבוֹדַת פְּנִים וּמֵעֲבוֹדַת פְּנִים לַעֲבוֹדַת חוּץ - טָעוּן טְבִילָה בֵּין עֲבוֹדָה לַעֲבוֹדָה; זֶה הַבָּא מִבֵּיתוֹ שֶׁהוּא מֵחֹל לְקֹדֶשׁ - לֹא כָּל שֶׁכֵּן שֶׁטָּעוּן טְבִילָה?!: **עַל בֵּית הַפַּרְוָה.** עַל לִשְׁכַּת בֵּית הַפַּרְוָה: **חוּץ מִזּוֹ** הָרִאשׁוֹנָה, שֶׁהָיְתָה בַּחֹל עַל גַּבֵּי שַׁעַר הַמַּיִם, וּבְצַד לִשְׁכָּתוֹ הָיְתָה:

משנה זו דנה בהלכות הטבילה במקדש בכל השנה וביום הכיפורים.

אֵין אָדָם נִכְנָס לָעֲזָרָה, עזרת כוהנים, **לַעֲבוֹדָה** במקדש **אֲפִלּוּ טָהוֹר, עַד שֶׁיִּטְבֹּל,** שטבילה זו תזכיר לו אם הוא נטמא וצריך להיטהר (גמרא ל, א). המשנה עוסקת בכוהנים, אך חובת הטבילה מוטלת גם על מי שנכנס לעזרת ישראל ואפילו שלא לעבודה.

חָמֵשׁ טְבִילוֹת של כל הגוף **וַעֲשָׂרָה קִדּוּשִׁין,** שטיפה של הידיים והרגליים, **טוֹבֵל כֹּהֵן גָּדוֹל וּמְקַדֵּשׁ בּוֹ בַיּוֹם,** ביום הכיפורים, בכל פעם שמחליף בגדים טובל פעם אחת ומקדש את ידיו ורגליו פעמיים, פעם אחת לפני שפושט

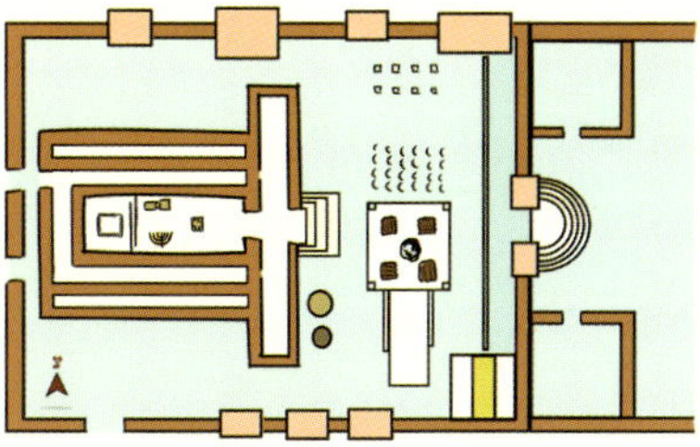

את בגדיו ופעם שנייה אחרי שלובשם, **וְכֻלָּן בַּקֹּדֶשׁ עַל בֵּית הַפַּרְוָה**, במקווה שנמצא על הגג של לשכה הנקראת בית הפרוה (משנה מידות ה, ג), **חוּץ מִזּוֹ בִּלְבַד**, הטבילה הראשונה נעשית במקווה שנמצא מחוץ למקומות המקודשים, על גבי שער המים במזרח בצד הדרומי שלו.

ד פֵּרְסוּ סָדִין שֶׁל בּוּץ בֵּינוֹ לְבֵין הָעָם.
פָּשַׁט, יָרַד וְטָבַל, עָלָה וְנִסְתַּפַּג.
הֵבִיאוּ לוֹ בִּגְדֵי זָהָב,
וְלָבַשׁ וְקִדֵּשׁ יָדָיו וְרַגְלָיו.

הֵבִיאוּ לוֹ אֶת הַתָּמִיד.
קְרָצוֹ, וּמֵרֵק אַחֵר שְׁחִיטָה עַל יָדוֹ.
קִבֵּל אֶת הַדָּם וּזְרָקוֹ.

נִכְנַס לְהַקְטִיר קְטֹרֶת שֶׁל שַׁחַר, וּלְהֵטִיב אֶת הַנֵּרוֹת,
וּלְהַקְרִיב אֶת הָרֹאשׁ וְאֶת הָאֵבָרִים וְאֶת הַחֲבִתִּין וְאֶת הַיַּיִן.

רבי עובדיה מברטנורה

סָדִין שֶׁל בּוּץ. כְּדֵי שֶׁיַּכִּיר שֶׁעֲבוֹדַת הַיּוֹם בְּבִגְדֵי בּוּץ, לְפִי שֶׁהוּא רָגִיל לְשַׁמֵּשׁ כָּל הַשָּׁנָה כֻּלָּהּ בְּבִגְדֵי זָהָב: **וְנִסְתַּפַּג.** וְנִתְקַנֵּחַ: **וְקִדֵּשׁ יָדָיו וְרַגְלָיו** מִן הַכִּיּוֹר. שֶׁצָּרִיךְ לְכָל חֲלִיפוֹת בִּגְדֵי הַיּוֹם קִדּוּשׁ לַפְּשִׁיטָה וְקִדּוּשׁ לַלְּבִישָׁה. וּטְבִילָה רִאשׁוֹנָה זוֹ שֶׁהַפְּשִׁיטָה שֶׁל בִּגְדֵי חֹל הִיא - לֹא הֻצְרַךְ קִדּוּשׁ יָדַיִם וְרַגְלַיִם עַל הַפְּשִׁיטָה: **קְרָצוֹ.** שְׁחָטוֹ בְּרֹב שְׁנֵי סִימָנִין, הֶכְשֵׁר שְׁחִיטָה בִּלְבַד: **וּמֵרֵק אַחֵר.** וְגָמַר כֹּהֵן אַחֵר בַּשְּׁחִיטָה. לְפִי שֶׁאֵין קַבָּלַת הַדָּם כְּשֵׁרָה אֶלָּא בְּכֹהֵן גָּדוֹל וְצָרִיךְ לְמַהֵר וּלְקַבֵּל: **עַל יָדוֹ.** בִּשְׁבִילוֹ. אִי נָמֵי **עַל יָדוֹ,** אַחֲרָיו וְסָמוּךְ לוֹ כְּמוֹ "וְעַל יָדוֹ הֶחֱזִיק", בְּסֵפֶר עֶזְרָא (נחמיה ג, ח):

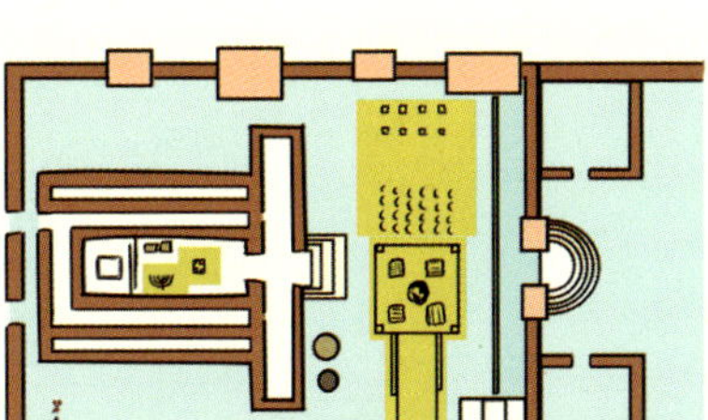

משנה זו מתארת את תחילת עבודות הבוקר בידי הכוהן הגדול ביום הכיפורים.

פֵּרְסוּ סָדִין שֶׁל בּוּץ, פשתן לבן, וזו תזכורת לכוהן הגדול שעיקר העבודה אינה נעשית בבגדי זהב ככל השנה אלא בבגדי לבן, **בֵּינוֹ,** בין הכוהן הגדול, **לְבֵין הָעָם,** לצניעות, שלא יראו את הכוהן הגדול כשהוא טובל. **פָּשַׁט** את בגדיו, **יָרַד וְטָבַל, עָלָה וְנִסְתַּפֵּג,** התנגב.

הֵבִיאוּ לוֹ בִּגְדֵי זָהָב, וְלָבַשׁ וְקִדֵּשׁ יָדָיו וְרַגְלָיו מהמים שבכלי זהב מיוחד לכבודו ולכבוד יום הכיפורים.

בגדי הזהב הם: כתונת, מכנסיים, מצנפת, אבנט, מעיל, חושן, אפוד וציץ, והיו עשויים מארגמן, שש, צמר צבוע תכלת, זהב ואבנים טובות.

הֵבִיאוּ לוֹ, לכוהן הגדול, **אֶת הַתָּמִיד. קְרָצוֹ,** התחיל את השחיטה, **וּמֵרֵק,** סיים אדם **אַחֵר שְׁחִיטָה עַל יָדוֹ. קִבֵּל** הכוהן הגדול **אֶת הַדָּם וּזְרָקוֹ** על המזבח.

נִכְנַס לְהַקְטִיר קְטֹרֶת שֶׁל שַׁחַר במזבח הפנימי, **וּלְהֵיטִיב אֶת הַנֵּרוֹת** להדליק את הנרות שבמנורה, **וּלְהַקְרִיב אֶת הָרֹאשׁ וְאֶת הָאֵבָרִים** וגם את הסולת (תפארת ישראל), **וְאֶת הַחֲבִתִּין,** 12 חלות שנעשות למנחה של כוהן גדול (ראה לעיל ב, ג), **וְאֶת הַיַּיִן** על המזבח החיצון.

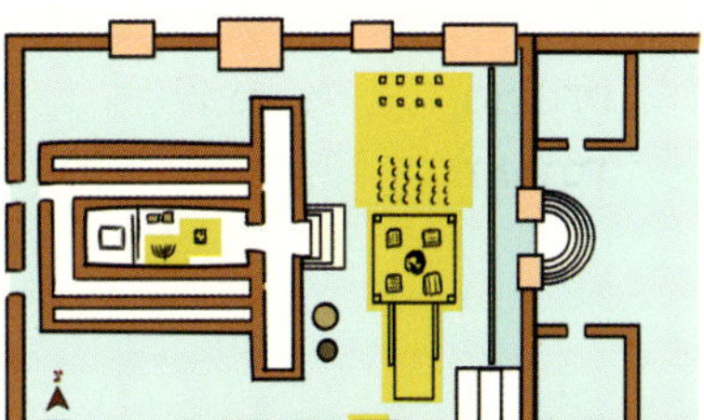

ה קְטֹרֶת שֶׁל שַׁחַר הָיְתָה קְרֵבָה בֵּין דָּם לָאֵבָרִים.
שֶׁל בֵּין הָעַרְבַּיִם - בֵּין אֵבָרִים לַנְּסָכִים.

אִם הָיָה כֹּהֵן גָּדוֹל זָקֵן אוֹ אִסְטְנִיס,
מְחַמִּין לוֹ חַמִּין וּמַטִּילִין לְתוֹךְ הַצּוֹנֵן,
כְּדֵי שֶׁתָּפוּג צִנָּתָן.

רבי עובדיה מברטנורה

בֵּין דָּם לָאֵבָרִים. לָאו דַּוְקָא, דְּהָא תְּנַן לְעֵיל (משנה ד): **"וְקִבֵּל אֶת הַדָּם וּזְרָקוֹ נִכְנַס לְהַקְטִיר קְטֹרֶת וּלְהֵטִיב אֶת הַנֵּרוֹת וּלְהַקְרִיב אֶת הָרֹאשׁ וְאֶת הָאֵבָרִים",** אַלְמָא הָיְתָה קְטֹרֶת קְרֵבָה בֵּין דָּם לַנֵּרוֹת, וְלֹא **בֵּין דָּם לָאֵבָרִים!** אֶלָּא לֹא בָּא הַתַּנָּא עַכְשָׁו לוֹמַר סֵדֶר הַהַקְרָבוֹת זוֹ אַחַר זוֹ אֵיךְ הָיוּ, אֲבָל רָצָה לוֹמַר בִּלְבַד שֶׁלֹּא הָיְתָה זְרִיקַת הַדָּם וְהַקְרָבַת הָאֵבָרִים רְצוּפִים זוֹ אַחַר זֶה, שֶׁהֲרֵי הַקְּטֹרֶת הָיְתָה מַפְסֶקֶת בֵּינֵיהֶן, וְהוּא הַדִּין נָמֵי שֶׁהֲטָבַת הַנֵּרוֹת הָיְתָה בֵּינֵיהֶן לְאַחַר הַקְּטֹרֶת, קֹדֶם הַקְרָבַת הָאֵבָרִים:

אִסְטְנִיס. שֶׁגּוּפוֹ מְצֻנָּן וְקַר: **מְחַמִּין לוֹ חַמִּין** בְּעֶרֶב יוֹם הַכִּפּוּרִים: **וּמַטִּילִין** בְּיוֹם הַכִּפּוּרִים **לְתוֹךְ** חֲקַק בִּנְיַן בֵּית טְבִילָתוֹ: **שֶׁתָּפוּג.** לְהָסִיר **צִנָּתָן** בְּמִקְצָת. כְּמוֹ מְפִיגִין טַעְמָן (ביצה יד, ב):

משנה זו מבארת את סדר הקטרת הקטורת בבוקר ובערב ומתארת כיצד היו מחממים את המקווה ביום הכיפורים.

קְטֹרֶת שֶׁל שַׁחַר הָיְתָה קְרֵבָה בֵּין זריקת ה**דָּם** של התמיד **לָאֵבָרִים** - להעלאת האיברים שלו למזבח. קטורת **שֶׁל בֵּין הָעַרְבַּיִם - בֵּין** העלאת ה**אֵבָרִים לַנְּסָכִים,** שבהם כוהן היה מנסך יין למזבח (ראה משנה סוכה ד, ט).

פעמים שהיה קר מאוד ביום הכיפורים או שהכוהן הגדול היה רגיש לקור, ולכן היו מחממים לו את המקווה.

אִם הָיָה כֹּהֵן גָּדוֹל זָקֵן אוֹ אִסְטְנִיס, רגיש לקור, **מְחַמִּין לוֹ חַמִּין** בערב יום הכיפורים **וּמַטִּילִין לְתוֹךְ הַצּוֹנֵן,** בגמרא (לד, ב) אמרו שהיו מחממים חתיכות מתכת ומכניסים אותן למים הקרים, **כְּדֵי שֶׁתָּפוּג צִנָּתָן,** שהמים יתחממו מעט, אך לא היו מגיעים לרתיחה ולא היו עוברים על איסור בישול או איסור אחר.

ו הֱבִיאוּהוּ לְבֵית הַפַּרְוָה,
וּבַקֹּדֶשׁ הָיְתָה.
פֵּרְסוּ סָדִין שֶׁל בּוּץ בֵּינוֹ לְבֵין הָעָם.

קִדֵּשׁ יָדָיו וְרַגְלָיו, וּפָשַׁט.
רַבִּי מֵאִיר אוֹמֵר:
פָּשַׁט, קִדֵּשׁ יָדָיו וְרַגְלָיו.

יָרַד וְטָבַל, עָלָה וְנִסְתַּפֵּג.
הֵבִיאוּ לוֹ בִּגְדֵי לָבָן,
לָבַשׁ וְקִדֵּשׁ יָדָיו וְרַגְלָיו.

רבי עובדיה מברטנורה

לְבֵית הַפַּרְוָה. מְכַשֵּׁף אֶחָד שֶׁשְּׁמוֹ פַּרְוָה בְּנָאָהּ, וְנִקְרֵאת עַל שְׁמוֹ: **וּבַקֹּדֶשׁ הָיְתָה.** שֶׁטְּבִילָה שְׁנִיָּה זוֹ עִם כָּל שְׁאָר טְבִילוֹת, חוּץ מִן הָרִאשׁוֹנָה, טְעוּנוֹת מָקוֹם קָדוֹשׁ, כִּדְכְתִיב (ויקרא טז, כד):

"וְרָחַץ אֶת בְּשָׂרוֹ בַּמַּיִם בְּמָקוֹם קָדוֹשׁ". **רַבִּי מֵאִיר אוֹמֵר: פָּשַׁט** תְּחִלָּה וְאַחַר כָּךְ מְקַדֵּשׁ. וְאֵין הֲלָכָה כְּרַבִּי מֵאִיר:

בִּגְדֵי לָבָן. כְּתֹנֶת, וּמִכְנָסַיִם, וְאַבְנֵט, וּמִצְנֶפֶת הָאֲמוּרִים בְּפָרָשַׁת אַחֲרֵי מוֹת (שם שם, ד), שֶׁכָּל עֲבוֹדוֹת פְּנִימִיּוֹת הָיוּ בָּהֶן. וַעֲבוֹדוֹת חִיצוֹנוֹת כְּגוֹן תְּמִידִין וּמוּסָפִין הָיוּ בְּבִגְדֵי זָהָב, שֶׁהוּא מְשַׁמֵּשׁ בָּהֶן כָּל הַשָּׁנָה כֻּלָּהּ. וּבֵין כָּל חֲלִיפָה וַחֲלִיפָה טָעוּן טְבִילָה וּשְׁתֵּי קִדּוּשֵׁי יָדַיִם וְרַגְלַיִם מִן הַכִּיּוֹר:

אחרי שהקריבו את התמיד ועשה את שאר העבודות שבכל יום, הכוהן הגדול מתכונן לעבודות המיוחדות של יום הכיפורים, ותחילה היה הכוהן הגדול מחליף לבגדי לבן מיוחדים ליום הכיפורים, שעבודות היום נעשות דווקא בבגדים אלו. המשנה מתארת החלפה זו.

בגמרא (ראש השנה כו, א) אמרו שאינו נכנס בבגדי זהב לקודש הקודשים מפני ש"אין קטגור נעשה סנגור", כלומר, המלמד זכות (הכוהן הגדול) אינו יכול ללמד חובה, על ידי בגדי הזהב שמזכירים את חטא העגל. ובירושלמי (ז, ב-ג) ביארו שהכוהן הגדול לובש בגדי לבן כדי להידמות למלאכים, והוסיפו שהחשש הוא שאם ישמש בבגדי זהב יתמלא גאווה בקודש הקודשים.

הֱבִיאוּהוּ את הכוהן הגדול **לְבֵית הַפַּרְוָה,** שבה היו מולחים את עורות הקודשים כל השנה, **וּבַקֹּדֶשׁ הָיְתָה,** בתוך העזרה, סמוכה לכותל הדרומי, ועל גגה היה מקווה מים. **פֵּרְסוּ סָדִין שֶׁל בּוּץ בֵּינוֹ לְבֵין הָעָם.**

קִדֵּשׁ יָדָיו וְרַגְלָיו, וּפָשַׁט את בגדי הזהב. הקידוש היה לכבוד הבגדים שפשט, ולכן קודם קידש ידיו ורגליו ואחר כך פשט את בגדיו.

רַבִּי מֵאִיר אוֹמֵר: בתחילה **פָּשַׁט,** ואחר כך **קִדֵּשׁ יָדָיו וְרַגְלָיו.** לדעת רבי מאיר הקידוש היה לכבוד הבגדים שילבש אחר הטבילה ולכן קידש ידיו ורגליו רק אחרי שפשט את הבגדים.

יָרַד וְטָבַל, עָלָה וְנִסְתַּפַּג, התנגב. **הֵבִיאוּ לוֹ בִּגְדֵי לָבָן, לָבַשׁ וְקִדֵּשׁ יָדָיו וְרַגְלָיו.**

בגדי הלבן הם: כתונת, מצנפת, מכנסיים ואבנט, וכולם מפשתן לבן.

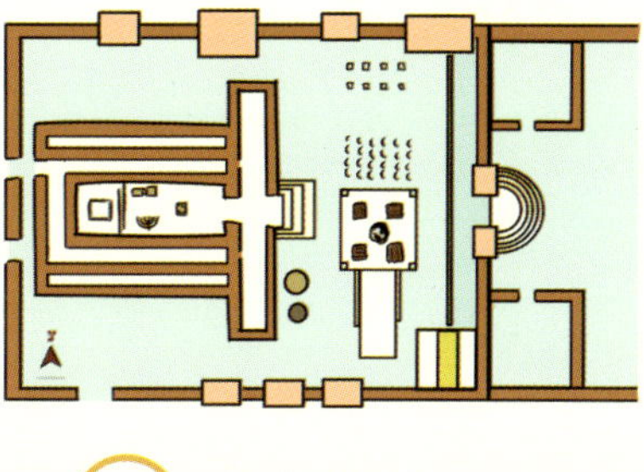

ז **בַּשַּׁחַר הָיָה לוֹבֵשׁ פְּלוּסִין שֶׁל שְׁנֵים עָשָׂר מָנֶה,**
וּבֵין הָעַרְבַּיִם הִנְדְּוִין שֶׁל שְׁמֹנֶה מֵאוֹת זוּז,
דִּבְרֵי רַבִּי מֵאִיר.
וַחֲכָמִים אוֹמְרִים:
בַּשַּׁחַר הָיָה לוֹבֵשׁ שֶׁל שְׁמוֹנָה עָשָׂר מָנֶה,
וּבֵין הָעַרְבַּיִם שֶׁל שְׁנֵים עָשָׂר מָנֶה.
הַכֹּל שְׁלֹשִׁים מָנֶה.

אֵלּוּ מִשֶּׁל צִבּוּר,
וְאִם רָצָה לְהוֹסִיף – מוֹסִיף מִשֶּׁלּוֹ.

רבי עובדיה מברטנורה

פְּלוּסִין. בּוּץ דַּק וְיָפֶה הַבָּא מֵאֶרֶץ רַעְמְסֵס, תַּרְגּוּם יְרוּשַׁלְמִי "רַעַמְסֵס" (בראשית מז, יא) – "פִּילוּסָא": **הִנְדְּוּאִין.** מֵאֶרֶץ הֹדּוּ: **וּבֵין הָעַרְבַּיִם.** בְּגָדִים שֶׁלּוֹבֵשׁ לְהוֹצָאַת כַּף וּמַחְתָּה: **הַכֹּל שְׁלֹשִׁים מָנֶה.** לְהָכִי הָדַר כְּלָלִינְהוּ תַּנָּא, לְאַשְׁמוּעִינַן דִּשְׁלֹשִׁים מָנֶה סַךְ הַכֹּל, לוֹמַר לָךְ שֶׁאִם פּוֹחֵת לְאוֹתָן שֶׁל שַׁחֲרִית וְרִבָּה לְאוֹתָן שֶׁל עַרְבִית – לֵית לָן בָּהּ: **אִם רָצָה לְהוֹסִיף מוֹסִיף מִשֶּׁלּוֹ.** וּבִלְבַד שֶׁיִּתֵּן אוֹתוֹ תּוֹסֶפֶת מַתָּנָה לַהֶקְדֵּשׁ:

פעמיים היה הכוהן הגדול לובש בגדי לבן בכניסתו לקודש הקודשים: בשחר ובבין הערביים. ובכל פעם לבש בגדים מיוחדים לאותה כניסה. המשנה מתארת מה היה השווי של הבגדים בכל לבישה.

בַּשַּׁחַר הָיָה לוֹבֵשׁ פְּלוּסִין, פשתן דק ממצרים, **שֶׁל שְׁנֵים עָשָׂר מָנֶה,** משקל כסף, ושווים כ-6 ק"ג כסף טהור, **וּבֵין הָעַרְבַּיִם הִנְדְּוִין,** בגדי פשתן מהודו, **שֶׁל שְׁמֹנֶה מֵאוֹת זוּז, דִּבְרֵי רַבִּי מֵאִיר.**

וַחֲכָמִים אוֹמְרִים: בַּשַּׁחַר הָיָה לוֹבֵשׁ שֶׁל שְׁמוֹנָה עָשָׂר מָנֶה, וּבֵין הָעַרְבַּיִם שֶׁל שְׁנֵים עָשָׂר מָנֶה.

לכל הדעות הבגד של הבוקר היה מכובד יותר משום שבו הכניס את המחתה עם הקטורת לקודש הקודשים ובבגד השני פינה אותה, שזו מלאכה מכובדת פחות.

בגמרא (יב, ב) מבואר שאחרי יום הכיפורים גונזים בגדים אלו ואין לובשים אותם יותר.

הַכֹּל, השווי של כל הבגדים - **שְׁלֹשִׁים מָנֶה,** ואם ירצה להחליף את שווי בגד הבוקר והערב יכול לעשות כן ובלבד ששווי הבגדים סך הכול יהיה 30 מנה.

אֵלּוּ, הבגדים שהוזכרו לעיל, **מִשֶּׁל צִבּוּר,** נקנים מכספי הציבור, **וְאִם רָצָה לְהוֹסִיף** בגדים מכובדים יותר - **מוֹסִיף מִשֶּׁלּוֹ,** ובלבד שיתרום אותם לציבור בלב שלם. בתוספתא (א, כא-כב) מובא שהיה כוהן שאימו הכינו לו כתונת יקרה ביותר ממאה מנה, וכוהן אחר שאמו הכינה לו בגד מעשרים אלף מנה.

ח בָּא לוֹ אֵצֶל פָּרוֹ,
וּפָרוֹ הָיָה עוֹמֵד בֵּין הָאוּלָם וְלַמִּזְבֵּחַ,
רֹאשׁוֹ לַדָּרוֹם וּפָנָיו לַמַּעֲרָב.
וְהַכֹּהֵן עוֹמֵד בַּמִּזְרָח וּפָנָיו לַמַּעֲרָב,
וְסוֹמֵךְ שְׁתֵּי יָדָיו עָלָיו וּמִתְוַדֶּה.

וְכָךְ הָיָה אוֹמֵר:
"אָנָּא הַשֵּׁם,
עָוִיתִי פָּשַׁעְתִּי חָטָאתִי לְפָנֶיךָ, אֲנִי וּבֵיתִי.
אָנָּא הַשֵּׁם,
כַּפֶּר נָא לָעֲוֹנוֹת וְלַפְּשָׁעִים וְלַחֲטָאִים,
שֶׁעָוִיתִי וְשֶׁפָּשַׁעְתִּי וְשֶׁחָטָאתִי לְפָנֶיךָ אֲנִי וּבֵיתִי,
כַּכָּתוּב בְּתוֹרַת מֹשֶׁה עַבְדֶּךָ (ויקרא טז, ל):
'כִּי בַיּוֹם הַזֶּה, יְכַפֵּר עֲלֵיכֶם לְטַהֵר אֶתְכֶם,
מִכֹּל חַטֹּאתֵיכֶם לִפְנֵי ה' תִּטְהָרוּ'".

וְהֵן עוֹנִין אַחֲרָיו:
"בָּרוּךְ שֵׁם כְּבוֹד מַלְכוּתוֹ לְעוֹלָם וָעֶד".

רבי עובדיה מברטנורה

בֵּין הָאוּלָם וְלַמִּזְבֵּחַ. כָּל צְפוֹן הָעֲזָרָה הָיָה כָּשֵׁר מִן הַדִּין לְהַעֲמָדַת הַפָּר, דִּכְלָלָה לִפְנֵי ה' הִיא, וְלֹא הָיוּ מַעֲמִידִים הַפָּר **בֵּין הָאוּלָם וְלַמִּזְבֵּחַ** קָרוֹב לַהֵיכָל אֶלָּא מִשּׁוּם חֻלְשָׁא דְּכֹהֵן גָּדוֹל, שֶׁלֹּא יִכְבַּד עָלָיו טֹרַח מַשָּׂא מִזְרַק הַדָּם לְמֵרָחוֹק: **רֹאשׁוֹ לַדָּרוֹם וּפָנָיו לַמַּעֲרָב.** בַּדִּין הָיָה שֶׁיִּהְיֶה רֹאשׁוֹ לַהֵיכָל שֶׁהוּא בַּמַּעֲרָב וַאֲחוֹרָיו לַמִּזְבֵּחַ, אֶלָּא שֶׁמָּא יַטִּיל גְּלָלִים, וּגְנַאי הוּא לְהַרְאוֹת בֵּית הָרְעִי שֶׁלּוֹ לְצַד מִזְבֵּחַ. לְפִיכָךְ הָיָה **רֹאשׁוֹ לַדָּרוֹם** וּזְנָבוֹ לַצָּפוֹן, דְּהָכִי שַׁפִּיר טְפֵי. וְאֶמְצַע גּוּפוֹ **בֵּין הָאוּלָם וְלַמִּזְבֵּחַ** וְעוֹקֵם רֹאשׁוֹ עַד שֶׁיִּהְיוּ פָּנָיו לַמַּעֲרָב: **וְהַכֹּהֵן עוֹמֵד.** וַאֲחוֹרָיו לַמִּזְרָח:

שלוש פעמים הכוהן הגדול היה מתוודה ביום הכיפורים: על פרו היה מתוודה על עצמו ועל בני ביתו, ושוב היה מתוודה על הפר על עצמו ועל אחיו הכוהנים, ועל השעיר המשתלח היה מתוודה על כל ישראל.

משנה זו מתארת את הווידוי שעל הפר הראשון.

בָּא לוֹ אֵצֶל פָּרוֹ, וּפָרוֹ הָיָה עוֹמֵד בֵּין הָאוּלָם וְלַמִּזְבֵּחַ, רֹאשׁוֹ לַדָּרוֹם וּפָנָיו לַמַּעֲרָב, וגופו לא פנה אל המזבח, שמא יעשה את צרכיו שם. **וְהַכֹּהֵן עוֹמֵד בַּמִּזְרָח וּפָנָיו לַמַּעֲרָב** מאחורי הפר, **וְסוֹמֵךְ שְׁתֵּי יָדָיו עָלָיו וּמִתְוַדֶּה.**

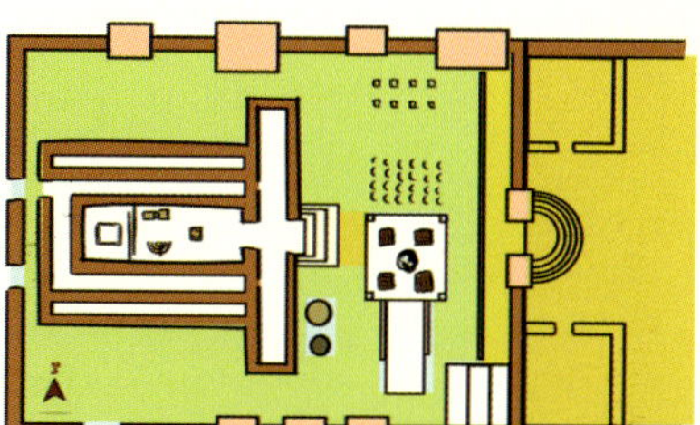

יש שלוש לשונות של וידוי, ובגמרא (לו, ב) פירשו שהעוונות אלו הזדונות, הפשעים אלו המרדים והכפירות, והחטאות אלו השגגות.

וְכָךְ הָיָה אוֹמֵר: "אָנָּא הַשֵּׁם, עָוִיתִי פָּשַׁעְתִּי חָטָאתִי לְפָנֶיךָ, אֲנִי וּבֵיתִי. אָנָּא הַשֵּׁם, כַּפֶּר נָא לָעֲוֹנוֹת וְלַפְּשָׁעִים וְלַחֲטָאִים, שֶׁעָוִיתִי וְשֶׁפָּשַׁעְתִּי וְשֶׁחָטָאתִי לְפָנֶיךָ אֲנִי וּבֵיתִי, כַּכָּתוּב בְּתוֹרַת מֹשֶׁה עַבְדֶּךָ: 'כִּי בַיּוֹם הַזֶּה, יְכַפֵּר עֲלֵיכֶם לְטַהֵר אֶתְכֶם, מִכֹּל חַטֹּאתֵיכֶם לִפְנֵי ה' תִּטְהָרוּ'", בגמרא (לו, ב) מבואר שדעת חכמים היא שמתוודה על הקל תחילה, והסדר הוא: חטאתי, עוויתי, פשעתי, וסדר זה הוא גם בווידוי השני על הפר (לקמן ד, ב) ועל השעיר (לקמן ו, ב).

וְהֵן, הציבור שנמצא שם ושומע את השם המפורש יוצא מפי כוהן גדול בקדושה ובטהרה, היו כורעים ומשתחווים **וְעוֹנִין אַחֲרָיו: "בָּרוּךְ שֵׁם כְּבוֹד מַלְכוּתוֹ לְעוֹלָם וָעֶד".**

ובימינו, זכר למקדש, בקהילות רבות נוהג הקהל לכרוע על הארץ בשעה שהחזן מזכיר את כריעת העם במקדש בסדר העבודה.

ט **בָּא לוֹ לְמִזְרַח הָעֲזָרָה, לִצְפוֹן הַמִּזְבֵּחַ,**
הַסְּגָן מִימִינוֹ וְרֹאשׁ בֵּית אָב מִשְּׂמֹאלוֹ.
וְשָׁם שְׁנֵי שְׂעִירִים,
וְקַלְפִּי הָיְתָה שָׁם וּבָהּ שְׁנֵי גוֹרָלוֹת.

שֶׁל אֶשְׁכְּרוֹעַ הָיוּ,
וַעֲשָׂאָן בֶּן גַּמְלָא שֶׁל זָהָב,
וְהָיוּ מַזְכִּירִין אוֹתוֹ לְשֶׁבַח.

רבי עובדיה מברטנורה

בָּא לוֹ לְמִזְרַח הָעֲזָרָה. שֶׁלֹּא הָיוּ מַכְנִיסִים הַשְּׂעִירִים בֵּין הָאוּלָם וְלַמִּזְבֵּחַ כְּשֶׁרוֹצֶה לָתֵת עֲלֵיהֶם גּוֹרָלוֹת, אֶלָּא בָּעֲזָרָה הָיוּ עַד שְׁעַת שְׁחִיטָה: **וְקַלְפִּי.** כְּלִי עֵץ חָלוּל: **שֶׁל אֶשְׁכְּרוֹעַ.** בוס"א בלע"ז [=ברוש]. מִין עֵץ, וְחָשׁוּב הוּא: **בֶּן גַּמְלָא.** יְהוֹשֻׁעַ בֶּן גַּמְלָא, כְּשֶׁנִּתְמַנָּה לִהְיוֹת כֹּהֵן גָּדוֹל **עֲשָׂאָן** שֶׁל **זָהָב:**

אחרי שהתוודה על הפר של עצמו, הכוהן הגדול היה הולך לערוך הגרלה על השעירים.

לפי המדרש (תורת כוהנים אחרי מות ב, א) העמידו את השעירים בשער ניקנור כשפניהם למערב ואחוריהם למזרח, כדי שלא יעשו צרכים בכיוון הקודש, אך לפי התוספתא (ב, ב) אחוריהם היו כלפי הקודש, ונראה שלפי התוספתא לא חששו לכך מפני שהיו רחוקים מהמזבח.

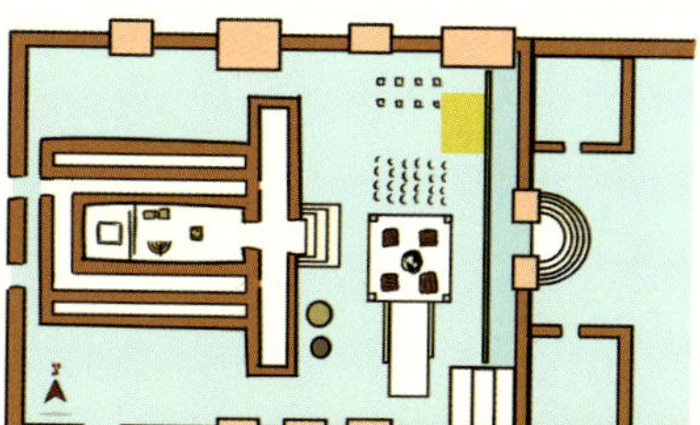

בָּא לוֹ לְמִזְרַח הָעֲזָרָה, לִצְפוֹן הַמִּזְבֵּחַ, הַסְּגָן, ממלא מקומו שהתקינו לו כמבואר לעיל א, א, **מִימִינוֹ, וְרֹאשׁ בֵּית אָב** של משמרת הכוהנים של אותו היום **מִשְּׂמֹאלוֹ. וְשָׁם שְׁנֵי שְׂעִירִים,** אחד יהיה לה' ואחד לעזאזל, **וְקַלְפִּי,** קופסה חלולה, **הָיְתָה שָׁם וּבָהּ שְׁנֵי גוֹרָלוֹת.**

שֶׁל אֶשְׁכְּרוֹעַ, עץ חשוב, **הָיוּ** הגורלות, **וַעֲשָׂאָן** יהושע **בֶּן גַּמְלָא,** כשהתמנה להיות כוהן גדול, **שֶׁל זָהָב, וְהָיוּ מַזְכִּירִין אוֹתוֹ לְשֶׁבַח.**

י **בֶּן קָטִין עָשָׂה שְׁנֵים עָשָׂר דַּד לַכִּיּוֹר,**
שֶׁלֹּא הָיוּ לוֹ אֶלָּא שְׁנַיִם.
וְאַף הוּא עָשָׂה מוּכְנִי לַכִּיּוֹר,
שֶׁלֹּא יִהְיוּ מֵימָיו נִפְסָלִין בְּלִינָה.

מֻנְבַּז הַמֶּלֶךְ,
הָיָה עוֹשֶׂה כָּל יְדוֹת הַכֵּלִים שֶׁל יוֹם הַכִּפּוּרִים שֶׁל זָהָב.

הִילְנִי אִמּוֹ עָשְׂתָה נִבְרֶשֶׁת שֶׁל זָהָב עַל פִּתְחוֹ שֶׁל הֵיכָל,
וְאַף הִיא עָשְׂתָה טַבְלָא שֶׁל זָהָב,
שֶׁפָּרָשַׁת סוֹטָה כְּתוּבָה עָלֶיהָ.

נִיקָנוֹר - נַעֲשׂוּ נִסִּים לְדַלְתוֹתָיו,
וְהָיוּ מַזְכִּירִין אוֹתוֹ לְשֶׁבַח.

רבי עובדיה מברטנורה

בֶּן קָטִין. כֹּהֵן גָּדוֹל הָיָה: **עָשָׂה י״ב דַּדִּין לַכִּיּוֹר.** כְּדֵי שֶׁיִּהְיוּ י״ב כֹּהֲנִים הַזּוֹכִים בְּפַיִס שֶׁל תָּמִיד שֶׁל שַׁחַר מְקַדְּשִׁים בְּבַת אַחַת. וְאַף עַל פִּי שֶׁי״ג כֹּהֲנִים הָיוּ, כְּדַאֲמָרָן בְּפִרְקָא בָּרִאשׁוֹנָה (לעיל ב, ג) - לֹא עָשָׂה דַּד לַשּׁוֹחֵט, שֶׁהַשְּׁחִיטָה כְּשֵׁרָה בְּזָר: **מוּכְנִי.** גַּלְגָּל לְשַׁקְּעוֹ בַּבּוֹר, שֶׁיִּהְיוּ מֵימָיו מְחֻבָּרִים בַּבּוֹר וְלֹא יִפָּסְלוּ בְּלִינָה:

נִבְרֶשֶׁת. מְנוֹרָה: **שֶׁפָּרָשַׁת סוֹטָה כְּתוּבָה עָלֶיהָ.** וְלֹא יִצְטָרֵךְ לְהָבִיא תּוֹרָה לִכְתֹּב מִמֶּנָּה פָּרָשַׁת סוֹטָה:

נִיקָנוֹר. שֵׁם אָדָם: **נַעֲשׂוּ נִסִּים לְדַלְתוֹתָיו.** שֶׁהָלַךְ לַאֲלֶכְּסַנְדְּרִיָּא שֶׁל מִצְרַיִם לְהָבִיא דְּלָתוֹת, וּבַחֲזָרָתוֹ עָמַד סַעַר גָּדוֹל בַּיָּם לְטַבְּעָן, נָטְלוּ אֶחָד מֵהֶן וְהִטִּילוּהָ בַּיָּם לְהָקֵל מֵעֲלֵיהֶם. בִּקְּשׁוּ לְהַטִּיל הָאַחֶרֶת, אָמַר לָהֶם: ״הַטִּילוּנִי עִמָּהּ!״ - מִיָּד נָח הַיָּם מִזַּעְפּוֹ. כֵּיוָן שֶׁהִגִּיעוּ לַנָּמֵל שֶׁל עַכּוֹ הָיְתָה מְבַצְבֶּצֶת וְיוֹצְאָה מִתַּחַת דָּפְנֵי הַסְּפִינָה:

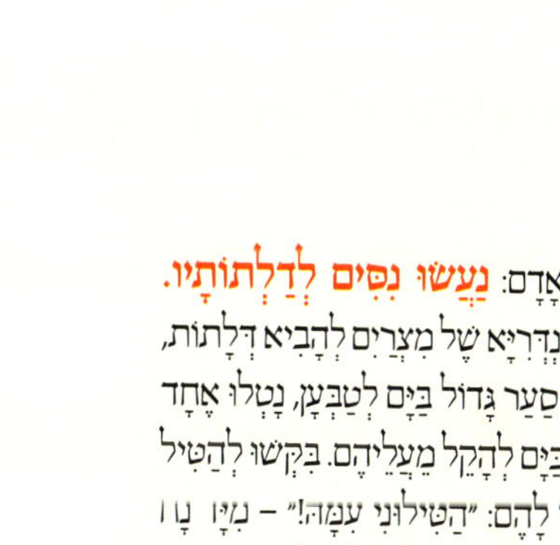

בעקבות הזכרת בן גמלא לשבח במשנה הקודמת, במשנה זו הובאו שמות אחרים שנזכרו לשבח בעקבות מתנות שהביאו לבית המקדש.

בֶּן קָטִין, שהיה כוהן גדול, **עָשָׂה שְׁנֵים עָשָׂר דַּד,** ברזים, **לַכִּיּוֹר, שֶׁלֹּא הָיוּ לוֹ אֶלָּא שְׁנַיִם,** ועשה 12 ברזים כדי שכל הכוהנים שעוסקים בתמיד (ראה לעיל ב, ה) יוכלו לקדש את ידיהם ואת רגליהם בבת אחת.

וְאַף הוּא עָשָׂה מוּכְנִי לַכִּיּוֹר, גלגל שהיה משקע את הכיור בבור מים, **שֶׁלֹּא יִהְיוּ מֵימָיו נִפְסָלִין בְּלִינָה,** כיוון שהכיור הוא כלי קודש - מה שבתוכו נפסל בלינה, כלומר אם עובר עליו הלילה, ואין זה כבוד הקודשים שייפסלו בלינה. ואחרי ששיקעו אותו במים היה מחובר לקרקע ואין בהם פסול לינה, ולמחרת היו מעלים את הכיור מן הבור בחזרה.

מֻנְבַּז הַמֶּלֶךְ, שהיה מצאצאי בית חשמונאי, **הָיָה עוֹשֶׂה כָּל יְדוֹת,** ידיות, **הַכֵּלִים שֶׁל יוֹם הַכִּפּוּרִים שֶׁל זָהָב,** אבל את הכלים עצמם, כגון סכינים, לא יכלו לעשות מזהב.

הִילְנִי אִמּוֹ עָשְׂתָה נִבְרֶשֶׁת, מנורה, **שֶׁל זָהָב עַל פִּתְחוֹ שֶׁל הֵיכָל,** וכשהשמש הייתה זורחת - ניצוצות יצאו ממנה.

וְאַף הִיא עָשְׂתָה טַבְלָא, לוח, **שֶׁל זָהָב שֶׁפָּרָשַׁת סוֹטָה כְּתוּבָה עָלֶיהָ,** שאם תבוא סוטה - שדינה הוא שכותבים את פרשת סוטה על קלף, מניחים אותו במים ונותנים לה לשתות אותם (במדבר ה), יוכלו להעתיק את פרשת הסוטה מאותו לוח ולא יוציאו ספר תורה במיוחד לשם כך.

נִיקָנוֹר - נַעֲשׂוּ נִסִּים לְדַלְתוֹתָיו, שהיו עשויות מנחושת והוא הביא אותם מאלכסנדריה שבמצרים, ובדרך הייתה סערה והספינה שהיה בה עמדה לטבוע ואמרו לו שיזרוק את הדלתות למים. הוא זרק דלת אחת, וכשביקשו שיזרוק את השנייה הוא אמר 'הטילוני עמה' והים נרגע. וכשהגיעו לחוף הים ראו שהדלת שהושלכה למים הייתה מתחת דופן הספינה, **וְהָיוּ מַזְכִּירִין אוֹתוֹ לְשֶׁבַח.**

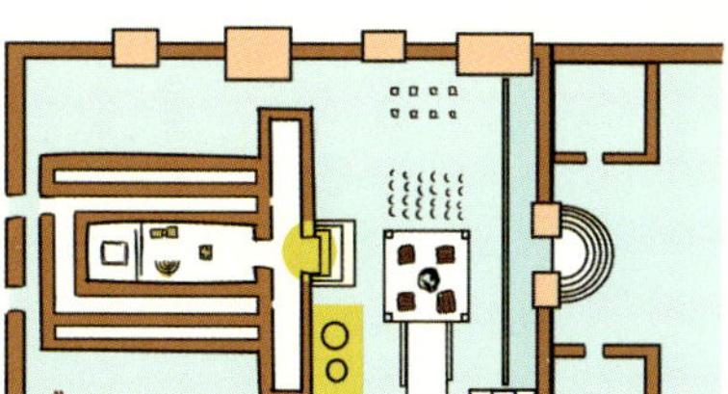

יא וְאֵלּוּ לִגְנַאי:
שֶׁל בֵּית גַּרְמוּ –
לֹא רָצוּ לְלַמֵּד עַל מַעֲשֵׂה לֶחֶם הַפָּנִים.
שֶׁל בֵּית אַבְטִינָס –
לֹא רָצוּ לְלַמֵּד עַל מַעֲשֵׂה הַקְּטֹרֶת.
הֻגְרַס בֶּן לֵוִי –
הָיָה יוֹדֵעַ פֶּרֶק בַּשִּׁיר וְלֹא רָצָה לְלַמֵּד.
בֶּן קַמְצָר –
לֹא רָצָה לְלַמֵּד עַל מַעֲשֵׂה הַכְּתָב.

עַל הָרִאשׁוֹנִים נֶאֱמַר (משלי י, ז): "זֵכֶר צַדִּיק לִבְרָכָה",
וְעַל אֵלּוּ נֶאֱמַר (שם): "וְשֵׁם רְשָׁעִים יִרְקָב".

רבי עובדיה מברטנורה

לֹא רָצוּ לְלַמֵּד עַל מַעֲשֵׂה לֶחֶם הַפָּנִים. שֶׁלֹּא הָיוּ יוֹדְעִים שְׁאָר אֻמָּנִין לִרְדּוֹתָם מִן הַתַּנּוּר שֶׁלֹּא יְהֵא נִשְׁבָּר, מִפְּנֵי שֶׁהָיָה עָשׂוּי כְּמִין תֵּבָה פְּרוּצָה: **לֹא רָצוּ לְלַמֵּד עַל מַעֲשֵׂה הַקְּטֹרֶת.** מַכִּירִין הָיוּ בְּעֵשֶׂב אֶחָד שֶׁשְּׁמוֹ 'מַעֲלֶה עָשָׁן', וּכְשֶׁהָיוּ מְעָרְבִים אוֹתוֹ עִם סַמְמָנֵי הַקְּטֹרֶת הָיָה עֲשַׁן הַקְּטֹרֶת מִתַּמֵּר וְעוֹלֶה כְּמִין מַקֵּל, וְלֹא הָיָה פּוֹנֶה אֵילָךְ וְאֵילָךְ: **פֶּרֶק בַּשִּׁיר.** הַכְרָעַת קוֹל נְעִימָה: **עַל מַעֲשֵׂה הַכְּתָב.** קוֹשֵׁר ד' קֻלְמוּסִים בְּד' אֶצְבְּעוֹתָיו, וְכוֹתֵב שֵׁם בֶּן ד' אוֹתִיּוֹת כְּאַחַת: **עַל הָרִאשׁוֹנִים.** בֶּן גַּמְלָא וּבֶן קָטִין, מֻנְבַּז וְהִילְנִי אִמּוֹ וְנִיקָנוֹר: **וְעַל הָאַחֲרוֹנִים.** בֵּית גַּרְמוּ וּבֵית אַבְטִינָס, הֻגְרַס בֶּן לֵוִי וּבֶן קַמְצָר. וְאַף עַל גַּב דְּבֵית גַּרְמוּ וּבֵית אַבְטִינָס נָתְנוּ טַעַם לְדִבְרֵיהֶם שֶׁלֹּא רָצוּ לְלַמֵּד, שֶׁמָּא יִלְמַד אָדָם שֶׁאֵינוֹ הָגוּן וְיֵלֵךְ וְיַעֲבֹד לַעֲבוֹדָה זָרָה בְּכָךְ. לֹא קִבְּלוּ חֲכָמִים אֶת דִּבְרֵיהֶם:

לאחר שהובאו אלה שזכרו אותם לשבח, מביאים את אלה שזכרו אותם לגנאי, שידעו את המלאכות המיוחדות שבמקדש ולא רצו ללמד אחרים.

וְאֵלּוּ לִגְנַאי:

שֶׁל בֵּית גַּרְמוּ - לֹא רָצוּ לְלַמֵּד עַל מַעֲשֵׂה לֶחֶם הַפָּנִים, שהייתה לו צורה מיוחדת כמין תיבה, והם ידעו לאפותו באופן שלא יישבר בשעה שמוציאים אותו מהתבנית, ולא רצו ללמד אחרים את שיטת הרדייה שלהם.

שֶׁל בֵּית אַבְטִינָס - לֹא רָצוּ לְלַמֵּד עַל מַעֲשֵׂה הַקְּטֹרֶת, היו משתמשים בעשב 'מעלה עשן', שהיה שומר על העשן שיעלה בקו ישר, ולא רצו לגלות מהו אותו עשב.

הֻגְרַס בֶּן לֵוִי - הָיָה יוֹדֵעַ פֶּרֶק בַּשִּׁיר, היה יודע לזמר בקול יפה ונעים על ידי שהיה שם את אצבעותיו בפיו, **וְלֹא רָצָה לְלַמֵּד.**

בֶּן קַמְצָר - לֹא רָצָה לְלַמֵּד עַל מַעֲשֵׂה הַכְּתָב, היה אוחז 4 קולמוסים ב-4 אצבעות וכותב את שם ה' בבת אחת.

עַל הָרִאשׁוֹנִים, שנמנו במשנה הקודמת, **נֶאֱמַר "זֵכֶר צַדִּיק לִבְרָכָה",**

וְעַל אֵלּוּ, המנויים במשנה זו, **נֶאֱמַר: "וְשֵׁם רְשָׁעִים יִרְקָב",** ואף שנתנו טעם למעשיהם, שלא ילמדו מהם לעבודה זרה, חכמים לא קיבלו את דבריהם.

פרק רביעי

פרק זה ממשיך בתיאור עבודות היום: גורל השעירים ושחיטת הפר. שלוש המשניות האחרונות דנות בהבדלים שיש במקדש בין כל השנה ליום הכיפורים.

א טָרַף בַּקַּלְפִּי וְהֶעֱלָה שְׁנֵי גוֹרָלוֹת.
אֶחָד כָּתוּב עָלָיו: "לַשֵּׁם",
וְאֶחָד כָּתוּב עָלָיו: "לַעֲזָאזֵל".

הַסְּגַן מִימִינוֹ, וְרֹאשׁ בֵּית אָב מִשְּׂמֹאלוֹ.
אִם שֶׁל שֵׁם עָלָה בִּימִינוֹ –
הַסְּגַן אוֹמֵר לוֹ:
"אִישִׁי כֹּהֵן גָּדוֹל, הַגְבֵּהַּ יְמִינְךָ"!
וְאִם שֶׁל שֵׁם עָלָה בִשְׂמֹאלוֹ –
רֹאשׁ בֵּית אָב אוֹמֵר לוֹ:
"אִישִׁי כֹּהֵן גָּדוֹל, הַגְבֵּהַּ שְׂמֹאלְךָ"!

נְתָנָן עַל שְׁנֵי הַשְּׂעִירִים וְאוֹמֵר: "לַה' חַטָּאת".
רַבִּי יִשְׁמָעֵאל אוֹמֵר:
לֹא הָיָה צָרִיךְ לוֹמַר: "חַטָּאת", אֶלָּא: "לַה'".

וְהֵן עוֹנִין אַחֲרָיו:
"בָּרוּךְ שֵׁם כְּבוֹד מַלְכוּתוֹ לְעוֹלָם וָעֶד".

רבי עובדיה מברטנורה

טָרַף בַּקַּלְפִּי. טָרַף – חָטַף וְלָקַח פִּתְאֹם בַּחֲטִיפָה **בַּקַּלְפִּי**, שֶׁשָּׁנִינוּ לְמַעְלָה (ג, ט): **וְקַלְפִּי הָיְתָה שָׁם.** וְלָמָּה בַּחֲטִיפָה? כְּדֵי שֶׁלֹּא יִתְכַּוֵּן לְהַכִּיר בְּמִשְׁמוּשׁוֹ אֵיזֶה שֶׁל שֵׁם וְיִטְּלֶנּוּ בְּיָמִין, לְפִי שֶׁסִּימָן יָפֶה הָיָה כְּשֶׁהָיָה עוֹלֶה בְּיָמִין: **וְהֶעֱלָה שְׁנֵי גוֹרָלוֹת.** אֶחָד בְּיָמִין וְאֶחָד בִּשְׂמֹאל. וְהַשְּׂעִירִים עוֹמְדִים אֶחָד לְיָמִין וְאֶחָד לִשְׂמֹאל, וְנָתַן גּוֹרָל שֶׁעָלָה בְּיָמִין – עַל שָׂעִיר שֶׁל יָמִין. וְגוֹרָל שֶׁעָלָה בִּשְׂמֹאל – עַל שָׂעִיר שֶׁל שְׂמֹאל:

לַה' חַטָּאת. שֵׁם הַמְפֹרָשׁ הָיָה מַזְכִּיר, וְהוּא שֵׁם שֶׁל יו"ד ה"א כְּמוֹ שֶׁהוּא נִכְתָּב: **רַבִּי יִשְׁמָעֵאל אוֹמֵר: לֹא הָיָה צָרִיךְ כו'.** וְאֵין הֲלָכָה כְּרַבִּי יִשְׁמָעֵאל: **וְהֵן עוֹנִים אַחֲרָיו** כְּשֶׁמַּזְכִּיר אֶת הַשֵּׁם:

משנה זו מתארת את הגורל של השעירים.

טָרַף, ערבב וניער, **בַּקַּלְפִּי**, תיבה שיש בה גורלות, והיה מערבב ומנער את הגורלות כדי שלא יראה איזה גורל הוא מוציא, **וְהֶעֱלָה שְׁנֵי גוֹרָלוֹת**, אחד בימינו ואחד בשמאלו. **אֶחָד כָּתוּב עָלָיו: "לַשֵּׁם", וְאֶחָד כָּתוּב עָלָיו: "לַעֲזָאזֵל"**, את הגורל הימני היה שם על השעיר הימני, ואת הגורל השמאלי על השעיר השמאלי.

הַסְּגָן מִימִינוֹ, וְרֹאשׁ בֵּית אָב מִשְּׂמֹאלוֹ. אִם שֶׁל שֵׁם עָלָה בִימִינוֹ – הַסְּגָן אוֹמֵר לוֹ: "אִישִׁי כֹּהֵן גָּדוֹל, הַגְבַּהּ יְמִינְךָ!", שהוא גורל השעיר לה'. בתוספתא (ב, ט) אמרו שאם הגורל עלה בימינו העם היה שמח, שזה סימן שחטאיהם יכופרו.

וְאִם שֶׁל שֵׁם עָלָה בִשְׂמֹאלוֹ - רֹאשׁ בֵּית אָב אוֹמֵר לוֹ: "אִישִׁי כֹּהֵן גָּדוֹל, הַגְבַּהּ שְׂמֹאלְךָ!", שהוא גורל השעיר לה'.

נְתָנָן את הגורלות **עַל שְׁנֵי הַשְּׂעִירִים וְאוֹמֵר: "לַה' חַטָּאת"**, ובכך מודיע לכולם את תוצאות הגורל.

רַבִּי יִשְׁמָעֵאל אוֹמֵר: לֹא הָיָה צָרִיךְ לוֹמַר: "חַטָּאת", אֶלָּא די שיאמר **"לַה'"**.

וְהֵן, הציבור שנמצא שם ושומע את השם המפורש יוצא מפי כוהן גדול בקדושה ובטהרה, היו כורעים ומשתחווים **ו**ע**וֹנִין אַחֲרָיו: "בָּרוּךְ שֵׁם כְּבוֹד מַלְכוּתוֹ לְעוֹלָם וָעֶד"**.

ב קָשַׁר לָשׁוֹן שֶׁל זְהוֹרִית בְּרֹאשׁ שָׂעִיר הַמִּשְׁתַּלֵּחַ,
וְהֶעֱמִידוֹ כְּנֶגֶד בֵּית שִׁלּוּחוֹ,
וְלַנִּשְׁחָט כְּנֶגֶד בֵּית שְׁחִיטָתוֹ.

בָּא לוֹ אֵצֶל פָּרוֹ שְׁנִיָּה,
וְסוֹמֵךְ שְׁתֵּי יָדָיו עָלָיו וּמִתְוַדֶּה.
וְכָךְ הָיָה אוֹמֵר:
"אָנָּא הַשֵּׁם,
עָוִיתִי פָּשַׁעְתִּי חָטָאתִי לְפָנֶיךָ,
אֲנִי וּבֵיתִי וּבְנֵי אַהֲרֹן עַם קְדוֹשֶׁיךָ.
אָנָּא הַשֵּׁם,
כַּפֶּר נָא לָעֲוֹנוֹת וְלַפְּשָׁעִים וְלַחֲטָאִים,
שֶׁעָוִיתִי וְשֶׁפָּשַׁעְתִּי וְשֶׁחָטָאתִי לְפָנֶיךָ,
אֲנִי וּבֵיתִי וּבְנֵי אַהֲרֹן עַם קְדוֹשֶׁיךָ,
כַּכָּתוּב בְּתוֹרַת מֹשֶׁה עַבְדֶּךָ (ויקרא טז, ל):
'כִּי בַיּוֹם הַזֶּה יְכַפֵּר עֲלֵיכֶם לְטַהֵר אֶתְכֶם,
מִכֹּל חַטֹּאתֵיכֶם לִפְנֵי ה' תִּטְהָרוּ'".

וְהֵן עוֹנִין אַחֲרָיו:
"בָּרוּךְ שֵׁם כְּבוֹד מַלְכוּתוֹ לְעוֹלָם וָעֶד".

רבי עובדיה מברטנורה

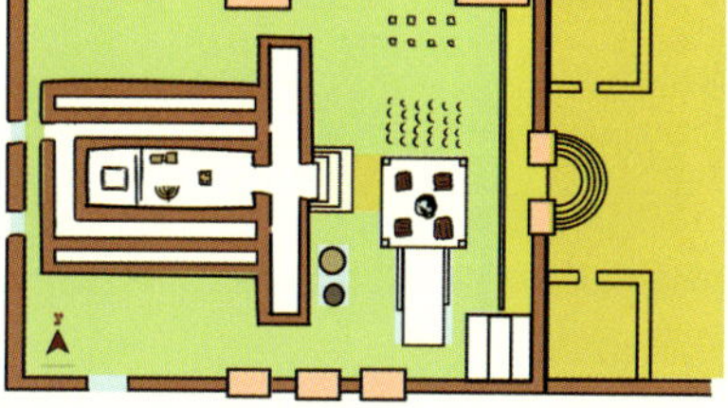

לָשׁוֹן שֶׁל זְהוֹרִית. צֶמֶר צָבוּעַ אָדֹם: **כְּנֶגֶד בֵּית שִׁלּוּחוֹ.** כְּנֶגֶד שַׁעַר שֶׁיּוֹצִיאוּהוּ בּוֹ: **וְלַנִּשְׁחָט** הָיָה קוֹשֵׁר לָשׁוֹן שֶׁל זְהוֹרִית **כְּנֶגֶד בֵּית שְׁחִיטָתוֹ,** כְּלוֹמַר בְּצַוָּארוֹ. וְהַשְׁתָּא לָא אָתֵי לְאִתְחַלּוּפֵי בַּשָּׂעִיר הַמִּשְׁתַּלֵּחַ, שֶׁזֶּה בְּרֹאשׁוֹ וְזֶה בְּצַוָּארוֹ. וְתַרְוַיְהוּ בִּשְׁאָר שְׂעִירִים לָא

מִתְחַלְּפִי, שֶׁאֵלּוּ – לָשׁוֹן שֶׁל זְהוֹרִית קְשׁוּרָה בָּהֶם, וּשְׂעִירִים אֲחֵרִים – אֵין לָשׁוֹן שֶׁל זְהוֹרִית קְשׁוּרָה בָּהֶם:

"עָוִיתִי, פָּשַׁעְתִּי, חָטָאתִי". מַתְנִיתִין רַבִּי מֵאִיר הִיא, דְּיָלֵיף מִקְּרָא דִּכְתִיב (ויקרא טז, כא): "וְהִתְוַדָּה עָלָיו אֶת כָּל עֲוֹנֹת בְּנֵי יִשְׂרָאֵל, וְאֶת כָּל פִּשְׁעֵיהֶם לְכָל חַטֹּאתָם". אֲבָל חֲכָמִים פְּלִיגִי עֲלֵיהּ, וְאָמְרִי: עֲוֹנוֹת – אֵלּוּ זְדוֹנוֹת, פְּשָׁעִים – אֵלּוּ מְרָדִים, חַטָּאוֹת – אֵלּוּ שְׁגָגוֹת; לְאַחַר שֶׁהִתְוַדָּה עַל הַזְּדוֹנוֹת וְעַל הַמְּרָדִים – חוֹזֵר וּמִתְוַדֶּה עַל הַשְּׁגָגוֹת?! בִּתְמִיָּה. אֶלָּא אוֹמֵר: **"חָטָאתִי, עָוִיתִי, פָּשַׁעְתִּי".** וְכֵן בְּדָוִד הוּא אוֹמֵר (תהלים קו, ו): "חָטָאנוּ עִם אֲבוֹתֵינוּ, הֶעֱוִינוּ וְהִרְשָׁעְנוּ". וַהֲלָכָה כַּחֲכָמִים. וּמַהוּ זֶה שֶׁאָמַר מֹשֶׁה (שמות לד, ז): "נֹשֵׂא עָוֹן וָפֶשַׁע, וְחַטָּאָה"? כָּךְ אָמַר מֹשֶׁה לִפְנֵי הַמָּקוֹם: "בְּשָׁעָה שֶׁיִּשְׂרָאֵל חוֹטְאִים וְעוֹשִׂים תְּשׁוּבָה – עֲשֵׂה לָהֶם זְדוֹנוֹת כִּשְׁגָגוֹת":

אחרי הגורל, הכוהן הגדול היה מכין את השעיר לשילוח לעזאזל ואת השעיר לה' לשחיטה.

לאחר מכן היה סומך פעם שנייה את ידיו על הפר ומתוודה על עצמו ועל אחיו הכוהנים.

קָשַׁר לָשׁוֹן שֶׁל זְהוֹרִית, חתיכת צמר צבועה באדום חזק לסימן, **בְּרֹאשׁ שָׂעִיר הַמִּשְׁתַּלֵּחַ, וְהֶעֱמִידוֹ,** את השעיר, **כְּנֶגֶד בֵּית שִׁלּוּחוֹ,** כנגד השער שממנו

ישלחו אותו לכיוון המדבר, **וְלַנִּשְׁחָט**, לשעיר הנשחט היה קושר לשון של זהורית **כְּנֶגֶד בֵּית שְׁחִיטָתוֹ**, בצוואר, ולא היו קושרים בקרניו כדי שלא להתבלבל עם השעיר לעזאזל.

בָּא לוֹ אֵצֶל פָּרוֹ שְׁנִיָּה – בא הכוהן הגדול אל פרו פעם שנייה, כדי להתוודות גם על אחיו הכוהנים, **וְסוֹמֵךְ שְׁתֵּי יָדָיו עָלָיו וּמִתְוַדֶּה.** בגמרא (מג, ב) ביארו שקודם מתוודה על עצמו בפר שלו ורק אחר כך על הכוהנים, שכך ראוי, שיכפר על עצמו בתחילה, ומתוך זכותו יבוא לכפר על אחרים.

וְכָךְ הָיָה אוֹמֵר: "אָנָּא הַשֵּׁם, עָוִיתִי פָּשַׁעְתִּי חָטָאתִי לְפָנֶיךָ, אֲנִי וּבֵיתִי וּבְנֵי אַהֲרֹן עַם קְדוֹשֶׁיךָ. אָנָּא הַשֵּׁם, כַּפֶּר נָא לָעֲוֹנוֹת וְלַפְּשָׁעִים וְלַחֲטָאִים, שֶׁעָוִיתִי וְשֶׁפָּשַׁעְתִּי וְשֶׁחָטָאתִי לְפָנֶיךָ, אֲנִי וּבֵיתִי וּבְנֵי אַהֲרֹן עַם קְדוֹשֶׁיךָ, כַּכָּתוּב בְּתוֹרַת מֹשֶׁה עַבְדֶּךָ: 'כִּי בַיּוֹם הַזֶּה יְכַפֵּר עֲלֵיכֶם לְטַהֵר אֶתְכֶם, מִכֹּל חַטֹּאתֵיכֶם לִפְנֵי ה' תִּטְהָרוּ'". וְהֵן הציבור שנמצא שם ושומע את השם המפורש יוצא מפי כוהן גדול בקדושה ובטהרה, היו כורעים ומשתחווים ו**עוֹנִין אַחֲרָיו: "בָּרוּךְ שֵׁם כְּבוֹד מַלְכוּתוֹ לְעוֹלָם וָעֶד".**

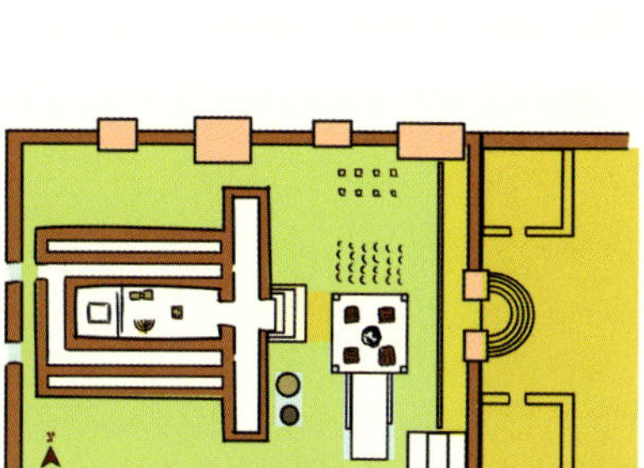

ג **שְׁחָטוֹ וְקִבֵּל בְּמִזְרָק אֶת דָּמוֹ,**
וּנְתָנוֹ לְמִי שֶׁהוּא מְמָרֵס בּוֹ עַל הָרוֹבֵד הָרְבִיעִי שֶׁבַּהֵיכָל,
כְּדֵי שֶׁלֹּא יִקְרֹשׁ.

נָטַל מַחְתָּה וְעָלָה לְרֹאשׁ הַמִּזְבֵּחַ,
וּפִנָּה גֶחָלִים אֵילָךְ וְאֵילָךְ,
וְחוֹתֶה מִן הַמְעֻכָּלוֹת הַפְּנִימִיּוֹת,
וְיָרַד וְהִנִּיחָהּ עַל הָרוֹבֵד הָרְבִיעִי שֶׁבָּעֲזָרָה.

רבי עובדיה מברטנורה

מְמָרֵס. מֵגִיס וּמְנַעֵר וּמְעָרֵב בּוֹ, שֶׁלֹּא יִקְפֶּה כְּשֶׁיִּשְׁהֶה עַד שֶׁיַּעֲשֶׂה עֲבוֹדַת הַקְּטֹרֶת: **עַל הָרֹבֶד הָרְבִיעִי.** כָּל שׁוּרָה וְשׁוּרָה שֶׁל אַבְנֵי הָרִצְפָּה – קְרוּיָה "רֹבֶד". וְאִי אֶפְשָׁר לְפָרֵשׁ **רֹבֶד הָרְבִיעִי שֶׁבַּהֵיכָל,** שׁוּרָה רְבִיעִית שֶׁבְּתוֹךְ הַהֵיכָל מִפֶּתַח הַהֵיכָל וְלִפְנִים, דְּהָא כְּתִיב (ויקרא טז, יז): "וְכָל אָדָם לֹא יִהְיֶה בְּאֹהֶל מוֹעֵד" וְכוּ'. אֶלָּא תָּנֵי: רֹבֶד רְבִיעִי שֶׁל הֵיכָל, כְּלוֹמַר, **רֹבֶד הָרְבִיעִי** שֶׁבָּעֲזָרָה, כְּשֶׁיּוֹצֵא מִן **הַהֵיכָל** לָעֲזָרָה, מוֹנֶה אֶת הָרְבָדִין וּמַנִּיחוֹ עַל הָרֹבֶד הָרְבִיעִי, וְשָׁם עוֹמֵד הַמְמָרֵס בּוֹ. דְּאִלּוּ בְּתוֹךְ הַהֵיכָל – אִי אֶפְשָׁר, כְּדַאֲמָרָן: **וְחוֹתֶה** אֶת הַגֶּחָלִים, וּמַנִּיחַ אֶת הַמַּחְתָּה עַד שֶׁיַּחֲפֹן בְּחָפְנָיו הַקְּטֹרֶת – וְיִתֵּן לְתוֹךְ הַכַּף. וְאַחַר כָּךְ יַכְנִיס כַּף וּמַחְתָּה לִפְנִים:

משנה זו עוסקת בהמשך עבודת הכוהן הגדול: שחיטת הפר והכנת הגחלים לקראת הקטרת הקטורת בקודש הקודשים.

שְׁחָטוֹ, את הפר, **וְקִבֵּל בְּמִזְרָק אֶת דָּמוֹ, וּנְתָנוֹ לְמִי שֶׁהוּא מְמָרֵס בּוֹ,** מערבב את הדם, **עַל הָרוֹבֵד הָרְבִיעִי שֶׁבַּהֵיכָל,** אותו אדם עמד על שורת האבנים הרביעית שלפני ההיכל וערבב את המזרק **כְּדֵי שֶׁלֹּא יִקְרֹשׁ** הדם שבתוכו, כי דם קרוש פסול להזאה. את הדם הניחו שם כהכנה להמשך, לכניסת הכוהן הגדול להיכל לזרוק את הדם (לקמן ה, ג).

נָטַל מַחְתָּה וְעָלָה לְרֹאשׁ הַמִּזְבֵּחַ וּפִנָּה גֶּחָלִים אֵילָךְ וְאֵילָךְ, כיוון שהגחלים החיצוניות אינן חמות מספיק, **וְחוֹתֶה מִן הַמְעֻכָּלוֹת הַפְּנִימִיּוֹת,** שהן חמות ובוערות, **וְיָרַד וְהִנִּיחָהּ,** את המחתה, **עַל הָרוֹבֵד הָרְבִיעִי שֶׁבָּעֲזָרָה,** היכן שהניח את מזרק הדם, כהכנה לכניסתו עם הקטורת לקודש הקודשים (לקמן ה, א).

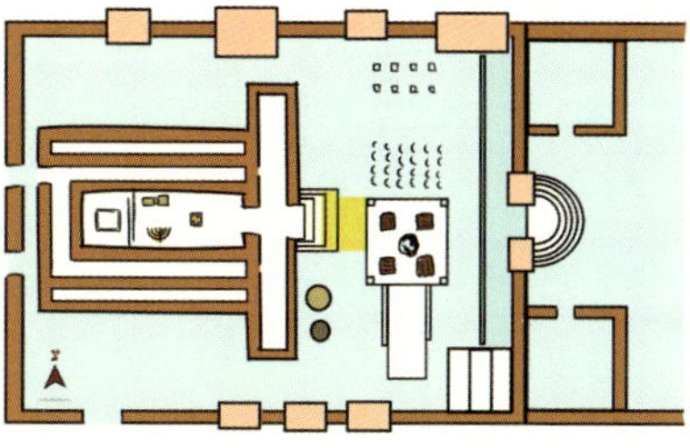

בְּכָל יוֹם חוֹתֶה בְּשֶׁל אַרְבַּעַת קַבִּין, מחתה בנפח של כ-8 ליטר, **וּמְעָרֶה בְּתוֹךְ שֶׁל שְׁלֹשֶׁת קַבִּין,** כ-6 ליטר, וקב היה מתפזר על הרצפה, **וְהַיּוֹם חוֹתֶה בְּשֶׁל שְׁלֹשֶׁת קַבִּין וּבָהּ הָיָה מַכְנִיס.**

רַבִּי יוֹסֵי אוֹמֵר: בְּכָל יוֹם חוֹתֶה בְּשֶׁל סְאָה, כ-12 ליטר, **וּמְעָרֶה בְּתוֹךְ שֶׁל שְׁלֹשֶׁת קַבִּין, וְהַיּוֹם חוֹתֶה בְּשֶׁל שְׁלֹשֶׁת קַבִּין, וּבָהּ הָיָה מַכְנִיס.**

בְּכָל יוֹם הָיְתָה כְּבֵדָה, שדפנות המחתה היו עבות **וְהַיּוֹם קַלָּה,** דופנותיה היו דקות, כדי שהכוהן הגדול לא יתאמץ בסחיבת המחתה.

בְּכָל יוֹם הָיְתָה יָדָהּ, הידית של המחתה, **קְצָרָה,** פחות מאמה, **וְהַיּוֹם אֲרֻכָּה,** בירושלמי (ד, ד) אמרו שאורך הידית היה כאמה וחצי, משום חולשת הכוהן הגדול ביום הכיפורים, וכך יוכל לאחוז בידית המחתה בשתי ידיו. והוסיפו שהיה לידית כיסוי מחובר במסמרים, כדי שידו של הכוהן הגדול לא תיכווה מחום המתכת.

בְּכָל יוֹם הָיָה זְהָבָהּ יָרֹק, זהב צהוב, **וְהַיּוֹם אָדֹם,** שהוא זהב הדומה לדם הפרים והשעירים של עבודת היום (ראה תוספות יום טוב), **דִּבְרֵי רַבִּי מְנַחֵם.**

בְּכָל יוֹם מַקְרִיב על המזבח הפנימי, **פְּרַס בְּשַׁחֲרִית וּפְרַס בֵּין הָעַרְבַּיִם,** הפרס הוא חצי מנֶה, כ-240 גרם, **וְהַיּוֹם מוֹסִיף מְלֹא חָפְנָיו** בהקטרה שבקודש הקודשים.

בְּכָל יוֹם הָיְתָה דַקָּה היו שוחקים היטב את סממני הקטורת, **וְהַיּוֹם דַּקָּה מִן הַדַּקָּה,** היו שוחקים את הקטורת פעם נוספת.

בכל יום

ביום הכיפורים

ה **בְּכָל יוֹם כֹּהֲנִים עוֹלִים בְּמִזְרָחוֹ שֶׁל כֶּבֶשׁ,**
וְיוֹרְדִין בְּמַעֲרָבוֹ,
וְהַיּוֹם כֹּהֵן גָּדוֹל עוֹלֶה בָּאֶמְצַע וְיוֹרֵד בָּאֶמְצַע.
רַבִּי יְהוּדָה אוֹמֵר:
לְעוֹלָם כֹּהֵן גָּדוֹל עוֹלֶה בָּאֶמְצַע וְיוֹרֵד בָּאֶמְצַע.

בְּכָל יוֹם כֹּהֵן גָּדוֹל מְקַדֵּשׁ יָדָיו וְרַגְלָיו מִן הַכִּיּוֹר,
וְהַיּוֹם מִן הַקִּיתוֹן שֶׁל זָהָב.
רַבִּי יְהוּדָה אוֹמֵר:
לְעוֹלָם כֹּהֵן גָּדוֹל מְקַדֵּשׁ יָדָיו וְרַגְלָיו
מִן הַקִּיתוֹן שֶׁל זָהָב.

רבי עובדיה מברטנורה

בְּכָל יוֹם עוֹלִין בְּמִזְרָחוֹ שֶׁל כֶּבֶשׁ. דְּאָמַר מָר: כָּל פִּנּוֹת שֶׁאַתָּה פוֹנֶה – לֹא יְהוּ אֶלָּא דֶּרֶךְ יָמִין, שֶׁהוּא לַמִּזְרָח, שֶׁהֲרֵי הַכֶּבֶשׁ בַּדָּרוֹם, לְכָךְ **עוֹלִין בְּמִזְרָחוֹ שֶׁל כֶּבֶשׁ** שֶׁסָּמוּךְ לִהְיוֹת לְיָמִין: **וְהַיּוֹם כֹּהֵן גָּדוֹל** מִשּׁוּם כְּבוֹדוֹ, לְהַרְאוֹת חֲשִׁיבוּתוֹ שֶׁהוּא כְּבֶן בַּיִת, וְהוֹלֵךְ בְּמָקוֹם שֶׁהוּא חָפֵץ, מַה שֶּׁאֵין שְׁאָר כֹּהֲנִים רַשָּׁאִין לַעֲשׂוֹת כֵּן:

בעקבות המשנה הקודמת, שהזכירה את ההבדלים בין הקטורת של כל השנה לקטורת של יום הכיפורים, משנה זו מציגה הבדלים נוספים בין כל השנה ליום הכיפורים בעלייה למזבח וקידוש ידיים ורגליים.

בְּכָל יוֹם כֹּהֲנִים עוֹלִים בְּמִזְרָחוֹ שֶׁל כֶּבֶשׁ, שהוא צד ימין של העולה, **וְיוֹרְדִין בְּמַעֲרָבוֹ,** שהוא צד ימין של היורד, **וְהַיּוֹם כֹּהֵן גָּדוֹל עוֹלֶה בָּאֶמְצַע וְיוֹרֵד בָּאֶמְצַע,** משום כבודו וחשיבותו שהוא הולך במקדש כבן-בית. ויש שגרסו במשנה שכל הכוהנים עלו וירדו באמצע, משום כבודו של יום.

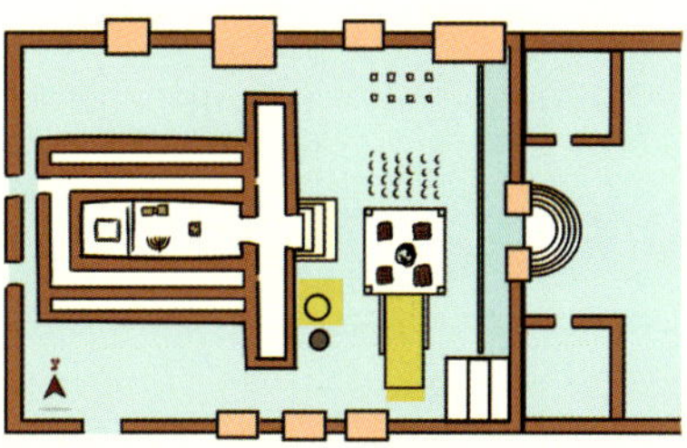

רַבִּי יְהוּדָה אוֹמֵר: לְעוֹלָם כֹּהֵן גָּדוֹל עוֹלֶה בָאֶמְצַע וְיוֹרֵד בָּאֶמְצַע.

בְּכָל יוֹם כֹּהֵן גָּדוֹל מְקַדֵּשׁ יָדָיו וְרַגְלָיו מִן הַכִּיּוֹר העשוי מנחושת, **וְהַיּוֹם מִן הַקִּיתוֹן שֶׁל זָהָב,** משום כבודו הביאו לו כלי מיוחד מזהב.

רַבִּי יְהוּדָה אוֹמֵר: לְעוֹלָם כֹּהֵן גָּדוֹל מְקַדֵּשׁ יָדָיו וְרַגְלָיו מִן הַקִּיתוֹן שֶׁל זָהָב.

בכל יום | ביום הכיפורים

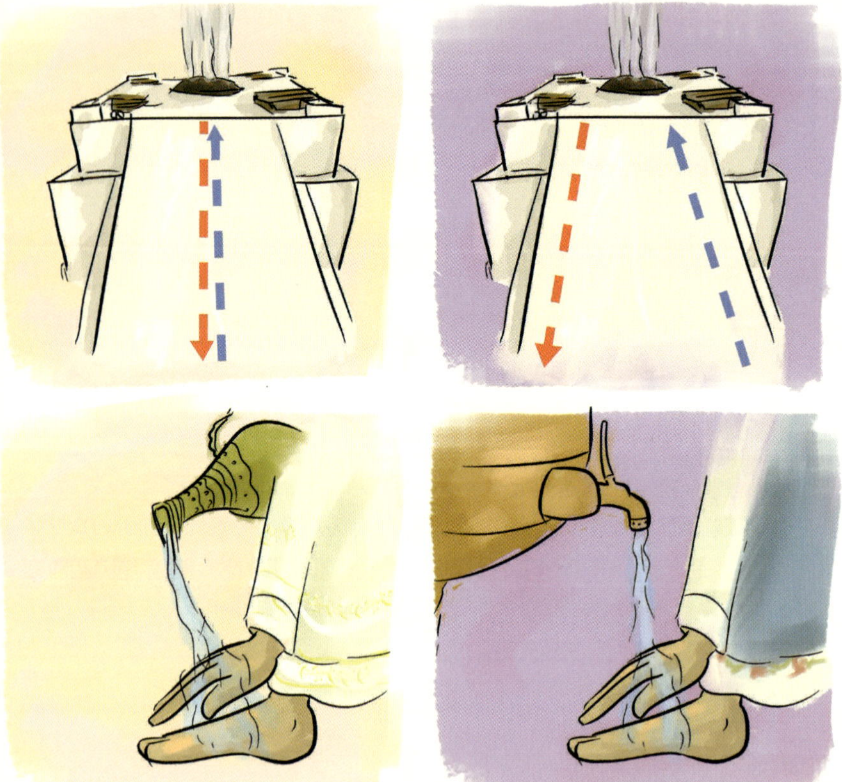

ו בְּכָל יוֹם הָיוּ שָׁם אַרְבַּע מַעֲרָכוֹת, וְהַיּוֹם חָמֵשׁ,
דִּבְרֵי רַבִּי מֵאִיר.
רַבִּי יוֹסֵי אוֹמֵר:
בְּכָל יוֹם שָׁלֹשׁ, וְהַיּוֹם אַרְבַּע.
רַבִּי יְהוּדָה אוֹמֵר:
בְּכָל יוֹם שְׁתַּיִם, וְהַיּוֹם שָׁלֹשׁ.

רבי עובדיה מברטנורה

בְּכָל יוֹם הָיוּ שָׁם בַּמִּזְבֵּחַ הַחִיצוֹן: **אַרְבַּע מַעֲרָכוֹת** שֶׁל עֵצִים, שֶׁמְּבַעֲרִים עֲלֵיהֶם הָאֵשׁ: אַחַת מַעֲרָכָה גְּדוֹלָה – שֶׁמַּקְרִיבִין עָלֶיהָ הַתָּמִיד. וְאַחַת מַעֲרָכָה שְׁנִיָּה – שֶׁמִּמֶּנָּה נוֹטְלִים אֵשׁ לְמִזְבַּח הַקְּטֹרֶת. וְאַחַת מַעֲרָכָה שֶׁל קִיּוּם הָאֵשׁ – שֶׁלֹּא תָּסוּר מִשָּׁם אֵשׁ לְעוֹלָם. וְאַחַת מַעֲרָכָה שֶׁל אֵבָרִים וּפְדָרִים שֶׁל תָּמִיד שֶׁל בֵּין הָעַרְבַּיִם שֶׁלֹּא נִתְעַכְּלוּ מִבָּעֶרֶב וְלֹא נִשְׂרְפוּ כָּל הַלַּיְלָה – שׂוֹרְפִין אוֹתָם בְּמַעֲרָכָה זוֹ. וּמוֹסִיפִין בְּיוֹם הַכִּפּוּרִים עוֹד מַעֲרָכָה אַחַת – לִטֹּל מִמֶּנָּה גֶּחָלִים לִקְטֹרֶת לִפְנַי וְלִפְנִים:

רַבִּי יוֹסֵי אוֹמֵר: בְּכָל יוֹם שָׁלֹשׁ. דִּשְׁלֹשָׁה קְרָאֵי כְּתִיב. (ויקרא ו, ב): "עַל מוֹקְדָה עַל הַמִּזְבֵּחַ כָּל הַלַּיְלָה עַד הַבֹּקֶר" – זוֹ מַעֲרָכָה גְּדוֹלָה. (שם): "וְאֵשׁ הַמִּזְבֵּחַ תּוּקַד בּוֹ" – זוֹ מַעֲרָכָה שְׁנִיָּה שֶׁל קְטֹרֶת. (שם, ה): "וְהָאֵשׁ עַל הַמִּזְבֵּחַ תּוּקַד בּוֹ לֹא תִכְבֶּה" – זוֹ מַעֲרָכָה שְׁלִישִׁית שֶׁל קִיּוּם הָאֵשׁ. וּמַעֲרָכָה רְבִיעִית לְאֵבָרִים וּפְדָרִים שֶׁלֹּא נִתְעַכְּלוּ – לֵית לֵיהּ לְרַבִּי יוֹסֵי, דִּסְבִירָא לֵיהּ, שֶׁאֵבָרִים וּפְדָרִים שֶׁלֹּא נִתְעַכְּלוּ – בְּצִדֵּי מַעֲרָכָה גְּדוֹלָה הֵם נִשְׂרָפִים:

רַבִּי יְהוּדָה אוֹמֵר: בְּכָל יוֹם שְׁתַּיִם. דְּלֵית לֵיהּ מַעֲרָכָה שְׁלִישִׁית שֶׁל קִיּוּם הָאֵשׁ. וּמִקְרָא שְׁלִישִׁי שֶׁל "וְהָאֵשׁ עַל הַמִּזְבֵּחַ תּוּקַד בּוֹ לֹא תִכְבֶּה" – דָּרֵישׁ לֵיהּ **רַבִּי יְהוּדָה** שֶׁהַמַּבְעִיר קִסָּמִים דַּקִּים כְּדֵי לְהַצִּית הָאֵשׁ עַל הַמַּעֲרָכָה הַגְּדוֹלָה – לֹא יַצִּית עַל הָרִצְפָּה וְיַעֲלֵם כְּשֶׁהֵם דּוֹלְקִים לַמִּזְבֵּחַ, אֶלָּא יַדְלִיקֵם בְּרֹאשׁ הַמִּזְבֵּחַ. וַהֲלָכָה כְּרַבִּי יוֹסֵי:

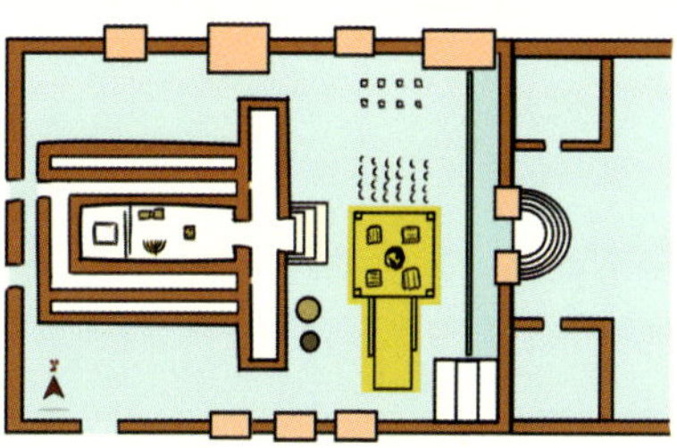

בעקבות המשניות הקודמות, משנה זו עוסקת בהבדלים בין כל השנה ליום הכיפורים במערכות שהיו במזבח, שהן ערימות העצים שהיו מבעירים בהם אש.

בְּכָל יוֹם הָיוּ שָׁם, במזבח החיצון, **אַרְבַּע מַעֲרָכוֹת:**

1. מערכה גדולה לקרבן התמיד, 2. מערכה שממנה לוקחים גחלים לקטורת שבמזבח הפנימי, 3. מערכה שבה הייתה בוערת אש תמיד, 4. מערכה שעליה שורפים את האיברים שלא נשרפו, **וְהַיּוֹם,** ביום הכיפורים, **חָמֵשׁ,** מוסיפים מערכה מיוחדת לכבוד היום, וממנה הכוהן הגדול לוקח גחלים לקטורת שבקודש הקודשים, **דִּבְרֵי רַבִּי מֵאִיר.**

רַבִּי יוֹסֵי אוֹמֵר: בְּכָל יוֹם שָׁלֹשׁ:

1. לקרבן התמיד, 2. לקטורת שבמזבח הפנימי, 3. מערכה שבה הייתה בוערת אש תמיד, ולדעתו את האיברים שלא נשרפו שורפים במערכה הגדולה, **וְהַיּוֹם אַרְבַּע,** מערכה נוספת לקטורת שבקודש הקודשים.

רַבִּי יְהוּדָה אוֹמֵר: בְּכָל יוֹם שְׁתַּיִם:

1. לקרבן התמיד, 2. לקטורת שבמזבח הפנימי, ולדעתו לא צריך מערכה מיוחדת שתהיה בה אש תמיד, **וְהַיּוֹם שָׁלֹשׁ,** מערכה נוספת לקטורת שבקודש הקודשים.

בכל יום | ביום הכיפורים

ר׳ מאיר

ר׳ יוסי

ר׳ יהודה

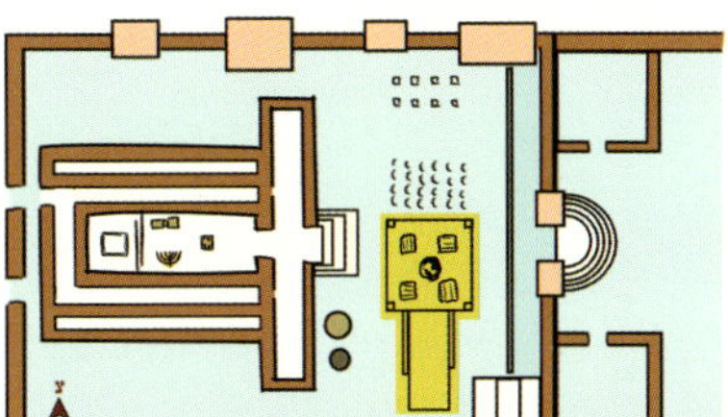

פרק חמישי

פרק זה עוסק בסדר הזאות הדמים של הפר והשעיר ביום הכיפורים. לכל קרבן מאלו היו שתי הזאות נפרדות: בין מוטות הארון בקודש הקדשים ועל הפרוכת של קודש הקודשים. אחר כך היה מערב את הדמים ומזה מדם התערובת על המזבח הפנימי. ומתואר כיצד היה נכנס למקום הקדוש, כיצד היה מזה, ומה היה עושה עם שאריות הדמים.

א הוֹצִיאוּ לוֹ אֶת הַכַּף וְאֶת הַמַּחְתָּה,
וְחָפַן מְלֹא חָפְנָיו וְנָתַן לְתוֹךְ הַכַּף:
הַגָּדוֹל לְפִי גָּדְלוֹ, וְהַקָּטָן לְפִי קָטְנוֹ,
וְכָךְ הָיְתָה מִדָּתָהּ.

נָטַל אֶת הַמַּחְתָּה בִּימִינוֹ וְאֶת הַכַּף בִּשְׂמֹאלוֹ.
הָיָה מְהַלֵּךְ בַּהֵיכָל,
עַד שֶׁמַּגִּיעַ לְבֵין שְׁתֵּי הַפָּרֹכוֹת
הַמַּבְדִּילוֹת בֵּין הַקֹּדֶשׁ וּבֵין קֹדֶשׁ הַקֳּדָשִׁים,
וּבֵינֵיהֶן אַמָּה.

רַבִּי יוֹסֵי אוֹמֵר:
לֹא הָיְתָה שָׁם אֶלָּא פָּרֹכֶת אַחַת בִּלְבַד,
שֶׁנֶּאֱמַר (שמות כו, לג):
"וְהִבְדִּילָה הַפָּרֹכֶת לָכֶם,
בֵּין הַקֹּדֶשׁ וּבֵין קֹדֶשׁ הַקֳּדָשִׁים".

הַחִיצוֹנָה הָיְתָה פְּרוּפָה מִן הַדָּרוֹם,
וְהַפְּנִימִית מִן הַצָּפוֹן.
מְהַלֵּךְ בֵּינֵיהֶן, עַד שֶׁמַּגִּיעַ לַצָּפוֹן.
הִגִּיעַ לַצָּפוֹן, הוֹפֵךְ פָּנָיו לַדָּרוֹם,
מְהַלֵּךְ לִשְׂמֹאלוֹ עִם הַפָּרֹכֶת,
עַד שֶׁהוּא מַגִּיעַ לָאָרוֹן.

הִגִּיעַ לָאָרוֹן, נוֹתֵן אֶת הַמַּחְתָּה בֵּין שְׁנֵי הַבַּדִּים.
צָבַר אֶת הַקְּטֹרֶת עַל גַּבֵּי גֶחָלִים,
וְנִתְמַלֵּא כָּל הַבַּיִת כֻּלּוֹ עָשָׁן.

יָצָא וּבָא לוֹ בְּדֶרֶךְ בֵּית כְּנִיסָתוֹ,
וּמִתְפַּלֵּל תְּפִלָּה קְצָרָה בַּבַּיִת הַחִיצוֹן,
וְלֹא הָיָה מַאֲרִיךְ בִּתְפִלָּתוֹ,
שֶׁלֹּא לְהַבְעִית אֶת יִשְׂרָאֵל.

רבי עובדיה מברטנורה

הוֹצִיאוּ לוֹ מִלִּשְׁכַּת הַכֵּלִים: **וְכָךְ הָיְתָה מִדָּתָהּ.** כְּמִדָּתָהּ בַּחוּץ - כָּךְ מִדָּתָהּ בִּפְנִים, מָה בַּחוּץ הָיָה חוֹפֵן בְּחָפְנָיו מַמָּשׁ וְלֹא בִּכְלִי - כָּךְ בִּפְנִים כְּשֶׁמְּעָרֶה הַקְּטֹרֶת מִן הַכַּף לְתוֹךְ חָפְנָיו, לֹא הָיָה מְעָרֶה בִּכְלִי עָשׂוּי כְּמִדַּת חָפְנָיו אֶלָּא לְתוֹךְ חָפְנָיו מַמָּשׁ: **נָטַל אֶת הַמַּחְתָּה בִּימִינוֹ.** לְפִי שֶׁהִיא כְּבֵדָה וְחַמָּה, וְכַף הַקְּטֹרֶת קַלָּה הֵימֶנָּה, לְכָךְ **מַחְתָּה בִּימִינוֹ וְכַף בִּשְׂמֹאלוֹ:**

הָיָה מְהַלֵּךְ בַּהֵיכָל. נִכְנָס וּמְהַלֵּךְ בְּתוֹכָהּ לַמַּעֲרָבָה **לְבֵין שְׁתֵּי הַפָּרֹכוֹת.** לְפִי שֶׁנִּסְתַּפְּקוּ בְּבַיִת שֵׁנִי אִם הַמְּחִיצָה הַמַּבְדֶּלֶת בֵּין הַקֹּדֶשׁ וּבֵין קֹדֶשׁ הַקֳּדָשִׁים שֶׁהָיְתָה בְּבַיִת רִאשׁוֹן וְהָיָה עָבְיָהּ אַמָּה, אִי אוֹתָהּ אַמָּה כִּלְפְנִים אוֹ כְּלַחוּץ. לְפִיכָךְ עָשׂוּ שְׁתֵּי פָּרֹכוֹת, אַחַת חִיצוֹנָה וְאַחַת פְּנִימִית, **וּבֵינֵיהֶן** אֲוִיר **אַמָּה** לִקְלֹט בֵּינֵיהֶן אֲוִיר מְקוֹם הַמְּחִיצָה: **פְּרוּפָה.** רֹאשָׁהּ כְּפוּלָה לַצַּד הַחִיצוֹן וְנֶאֱחֶזֶת בְּקֶרֶס שֶׁל זָהָב לִהְיוֹת פְּתוּחָה מִן הַדָּרוֹם וְעוֹמֶדֶת: **הַחִיצוֹנָה פְּרוּפָה מִן הַדָּרוֹם.** רַבָּנָן קָאָמְרֵי לָהּ, דִּפְלִיגֵי עֲלֵיהּ דְּרַבִּי יוֹסֵי וְאָמְרֵי "וְהִבְדִּילָה הַפָּרֹכֶת לָכֶם" - בַּמִּשְׁכָּן בִּלְבַד נֶאֱמַר: **מְהַלֵּךְ בֵּינֵיהֶן.** נִכְנָס בִּפְרִיפַת הַדָּרוֹם **וּמְהַלֵּךְ בֵּינֵיהֶם עַד שֶׁמַּגִּיעַ לִפְרִיפַת הַצָּפוֹן: הִגִּיעַ לַצָּפוֹן.** מִשֶּׁנִּכְנַס לְתוֹךְ חֲלַל בֵּית קֹדֶשׁ הַקֳּדָשִׁים **הָפַךְ פָּנָיו לַדָּרוֹם** לֵילֵךְ עַד בֵּין הַבַּדִּים שֶׁהוּא בְּאֶמְצַע הֶחָלָל. שֶׁהַבַּדִּים הָיוּ אֲרֻכִּין עַד הַפָּרֹכֶת, רֹאשׁוֹ אֶחָד לַמַּעֲרָב וְהַשֵּׁנִי לוֹ לַמִּזְרָח, אֶחָד בְּרֹאשׁ הָאָרוֹן לַצָּפוֹן וְאֶחָד בְּרֹאשׁוֹ לַדָּרוֹם: **מְהַלֵּךְ לִשְׂמֹאלוֹ עִם הַפָּרֹכֶת.** שֶׁהַמְּהַלֵּךְ מִצָּפוֹן לְדָרוֹם - שְׂמֹאלוֹ לַמִּזְרָח, וְהַפָּרֹכֶת הָיְתָה בַּמִּזְרָח, נִמְצָא **שְׂמֹאלוֹ עִם הַפָּרֹכֶת: עַד שֶׁהוּא מַגִּיעַ לָאָרוֹן.** לִמְקוֹם אָרוֹן, וְלֹא לָאָרוֹן מַמָּשׁ, דִּבְבַיִת שֵׁנִי לֹא הָיָה שָׁם אָרוֹן: **דֶּרֶךְ כְּנִיסָתוֹ.** שֶׁלֹּא הָיָה מֵסֵב אֶת פָּנָיו לָצֵאת, אֶלָּא יוֹצֵא דֶּרֶךְ אֲחוֹרָיו וּפָנָיו לָאָרוֹן:

וּמִתְפַּלֵּל תְּפִלָּה קְצָרָה. וְזוֹ הִיא: "יְהִי רָצוֹן מִלְּפָנֶיךָ ה' אֱלֹהַי, שֶׁאִם שָׁנָה זוֹ שְׁחוּנָה [=חַמָּה] שֶׁתְּהֵא גְּשׁוּמָה, וְלֹא יִעֲדֵי [=יסור] עֲבֵד שָׁלְטָן מִדְּבֵית יְהוּדָה, וְלֹא יִהְיוּ עַמְּךָ יִשְׂרָאֵל צְרִיכִים פַּרְנָסָה זֶה מִזֶּה וְלֹא מֵעַם אַחֵר, וְלֹא תִּכָּנֵס לְפָנֶיךָ תְּפִלַּת עוֹבְרֵי דְרָכִים", פֵּרוּשׁ מִפְּנֵי שֶׁהֵם מִתְפַּלְּלִין שֶׁלֹּא יֵרְדוּ גְשָׁמִים: **בַּבַּיִת הַחִיצוֹן.** בַּהֵיכָל: **שֶׁלֹּא לְהַבְעִית אֶת יִשְׂרָאֵל.** שֶׁיֹּאמְרוּ מֵת הוּא:

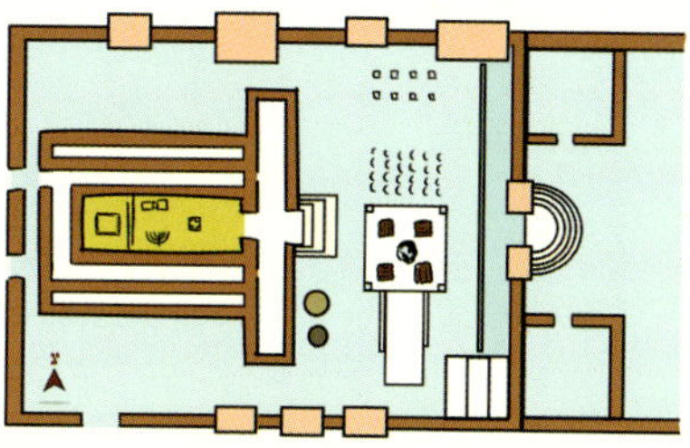

משנה זו מתארת את כניסת הכוהן הגדול למקום הקדוש ביותר, קודש הקודשים, את הקטרת הקטורת ואת תפילתו הקצרה בהיכל. לעיל (ד, ג) למדנו שהכוהן הגדול לקח גחלים מראש המזבח במחתה והניח אותה בעזרה, עד שייקח אותה עם הקטורת לתוך קודש הקודשים.

הקטורת היא תערובת של אחד עשר מיני בשמים שכאשר נותן בהם גחלים הם מעלים עשן ריחני.

הוֹצִיאוּ לוֹ לכוהן הגדול מלשכת הכלים **אֶת הַכַּף** הריקה **וְאֶת הַמַּחְתָּה** עם הקטורת בתוכה, **וְחָפַן מְלֹא חָפְנָיו** מילא את ידיו מהקטורת **וְנָתַן** את הקטורת **לְתוֹךְ הַכַּף** הריקה.

הַגָּדוֹל לְפִי גָּדְלוֹ, וְהַקָּטָן לְפִי קָטְנוֹ, וְכָךְ הָיְתָה מִדָּתָהּ, כמות הקטורת בעבודת יום הכיפורים אינה קבועה, אלא תלויה בגודל כפות ידיו של הכוהן הגדול.

נָטַל אֶת הַמַּחְתָּה של הגחלים שהיא כבדה וחמה **בִּימִינוֹ,** ידו החזקה, **וְאֶת הַכַּף** של הקטורת שהיא קלה יותר, נטל **בִּשְׂמֹאלוֹ,** ידו החלשה.

בבית המקדש הראשון היה קיר עבה שהפריד בין ההיכל הנקרא "קודש" ובין קודש הקודשים, שאליו אסור להיכנס מלבד כוהן גדול ביום הכפורים (משנה כלים א, ט). משנתנו עוסקת בבית המקדש השני שבו לא היה קיר מפריד אלא פרוכת. ונחלקו התנאים כמה פרוכות היו שם: לדעת תנא קמא היו פרוסים שני וילונות (=פרוכות) וביניהם רווח בעובי אמה, שדרכו היה עובר הכוהן הגדול, ולדעת רבי יוסי הייתה פרוכת אחת בלבד.

הָיָה מְהַלֵּךְ בַּהֵיכָל, עַד שֶׁמַּגִּיעַ לְבֵין שְׁתֵּי הַפָּרֹכוֹת, שהיו בבית המקדש השני, **הַמַּבְדִּילוֹת בֵּין הַקֹּדֶשׁ,** הוא ההיכל, **וּבֵין קֹדֶשׁ הַקֳּדָשִׁים, וּבֵינֵיהֶן אַמָּה** רווח של כ-48 ס"מ.

רַבִּי יוֹסֵי אוֹמֵר: אף בבית המקדש השני **לֹא הָיְתָה שָׁם אֶלָּא פָּרֹכֶת אַחַת בִּלְבַד, שֶׁנֶּאֱמַר: "וְהִבְדִּילָה הַפָּרֹכֶת לָכֶם, בֵּין הַקֹּדֶשׁ וּבֵין קֹדֶשׁ הַקֳּדָשִׁים".**

לדעת תנא קמא היו שתי פרוכות: **הַחִיצוֹנָה הָיְתָה פְּרוּפָה** פתוחה **מִן הַדָּרוֹם** – פרוסה מהקיר הצפוני לעבר הדרומי, ופתוחה בצד הדרומי. **וְהַפְּנִימִית**, הקרובה יותר לקודש הקודשים, פתוחה **מִן הַצָּפוֹן**. הכוהן הגדול **מְהַלֵּךְ בֵּינֵיהֶן, עַד שֶׁמַּגִּיעַ לַצָּפוֹן. הִגִּיעַ לַצָּפוֹן, הוֹפֵךְ פָּנָיו**, מסתובב, **לַדָּרוֹם, מְהַלֵּךְ לִשְׂמֹאלוֹ עִם הַפָּרֹכֶת, עַד שֶׁהוּא מַגִּיעַ לָאָרוֹן** – כלומר למקום הארון, שכן בבית המקדש השני לא היה ארון (ראה משנה הבאה).

הִגִּיעַ לָאָרוֹן, נוֹתֵן אֶת הַמַּחְתָּה בֵּין שְׁנֵי הַבַּדִּים – במקום שהיו בין המוטות המחוברים לארון בכדי לשאת אותו.

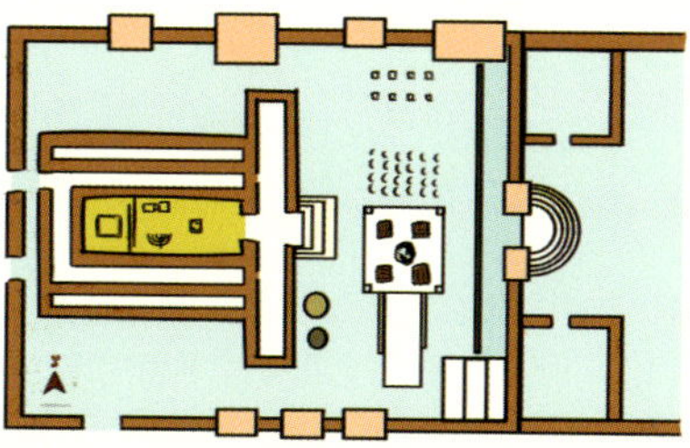

צָבַר, כינס, **אֶת הַקְּטֹרֶת עַל גַּבֵּי גֶּחָלִים, וְנִתְמַלֵּא כָּל הַבַּיִת כֻּלּוֹ עָשָׁן**, שכך היא המצווה: "בענן אֵרָאֶה על הכפורת" (ויקרא טז, ב). יש מפרשים שטעם המצווה הוא כדי להחשיך על ידי הענן, שהכוהן הגדול לא יראה את מקום השראת השכינה מעל הכרובים (רשב"ם).

יָצָא וּבָא לוֹ בְּדֶרֶךְ בֵּית כְּנִיסָתוֹ – יצא באותו האופן שנכנס, כשפניו כלפי קודש הקודשים והולך לאחוריו, כדי לכבד את המקום הקדוש. **וּמִתְפַּלֵּל תְּפִלָּה קְצָרָה בַּבַּיִת הַחִיצוֹן** בהיכל **וְלֹא הָיָה מַאֲרִיךְ בִּתְפִלָּתוֹ**, שֶׁלֹּא לְהַבְעִית, להפחיד, אֶת יִשְׂרָאֵל - שאם היה מאריך היו חושדים שמת, כפי שקרה פעמים רבות, שהכוהן הגדול לא היה ראוי ומת בכניסתו לקודש הקודשים.

בתפילה הקצרה היה מתפלל על פרנסה טובה, גשמי ברכה, שלום מלכות יהודה בארץ ועל עבודת הכוהנים שתתקבל ברצון (גמרא נג, ב).

ב **מִשֶּׁנִּטַּל הָאָרוֹן -**
אֶבֶן הָיְתָה שָׁם מִימוֹת נְבִיאִים רִאשׁוֹנִים,
וּ"שְׁתִיָּה" הָיְתָה נִקְרֵאת,
גְּבוֹהָה מִן הָאָרֶץ שָׁלֹשׁ אֶצְבָּעוֹת,
וְעָלֶיהָ הָיָה נוֹתֵן.

רבי עובדיה מברטנורה

וּשְׁתִיָּה הָיְתָה נִקְרֵאת. עַל שֵׁם שֶׁמִּמֶּנָּה נִשְׁתַּת הָעוֹלָם, שֶׁבָּהּ יִסֵּד הַקָּדוֹשׁ בָּרוּךְ הוּא אֶת עוֹלָמוֹ. שְׁתִיָּה - יְסוֹד:

משנה זו מתארת את אבן השתייה שהייתה במקום ארון הברית בקודש הקודשים. ארון הברית שהיו מונחים בו הלוחות שניתנו בהר סיני ניטל ממקומו בחורבן בית המקדש הראשון, יש אומרים שנבוכדנצר לקח אותו לבבל, ויש אומרים שיאשיהו המלך גנז אותו (גמרא נג-נד).

מִשֶּׁנִּטַּל הָאָרוֹן, בחורבן בית המקדש הראשון, אֶבֶן הָיְתָה שָׁם, במקומו של הארון, מִימוֹת נְבִיאִים רִאשׁוֹנִים - שמואל ודוד (גמרא סוטה מח, ב), וּ"שְׁתִיָּה" הָיְתָה נִקְרֵאת, מלשון יסוד, שעליה מושתת העולם, שכן העולם עומד בזכות עבודת הקרבנות (אבות א, ב).

האבן הייתה **גְּבוֹהָה מִן הָאָרֶץ שָׁלֹשׁ אֶצְבָּעוֹת,** כ-6 ס"מ, **וְעָלֶיהָ הָיָה נוֹתֵן** הכוהן הגדול את המחתה עם הקטורת.

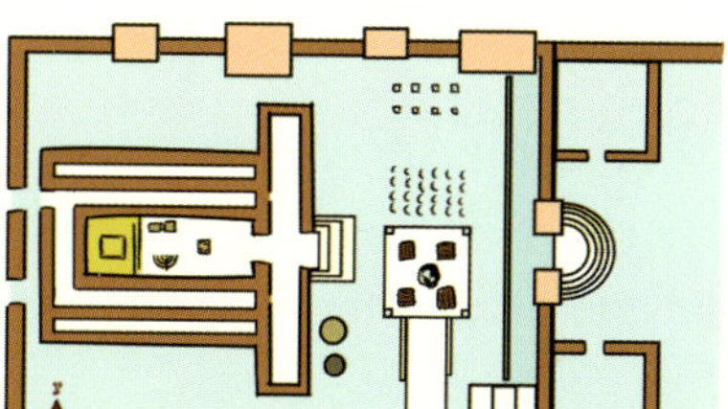

ג נָטַל אֶת הַדָּם מִמִּי שֶׁהָיָה מְמָרֵס בּוֹ,
נִכְנַס לַמָּקוֹם שֶׁנִּכְנַס, וְעָמַד בַּמָּקוֹם שֶׁעָמַד,
וְהִזָּה מִמֶּנּוּ אַחַת לְמַעְלָה וְשֶׁבַע לְמַטָּה,
וְלֹא הָיָה מִתְכַּוֵּן לְהַזּוֹת לֹא לְמַעְלָה וְלֹא לְמַטָּה,
אֶלָּא כְּמַצְלִיף.

וְכָךְ הָיָה מוֹנֶה:
"אַחַת, אַחַת וְאַחַת, אַחַת וּשְׁתַּיִם,
אַחַת וְשָׁלֹשׁ, אַחַת וְאַרְבַּע,
אַחַת וְחָמֵשׁ, אַחַת וָשֵׁשׁ, אַחַת וָשֶׁבַע".
יָצָא וְהִנִּיחוֹ עַל כַּן הַזָּהָב שֶׁבַּהֵיכָל.

רבי עובדיה מברטנורה

לְמָקוֹם שֶׁנִּכְנַס. בְּבֵית קֹדֶשׁ הַקֳּדָשִׁים: **בְּמָקוֹם שֶׁעָמַד.** בֵּין הַבַּדִּים: **וְלֹא הָיָה מִתְכַּוֵּן לְהַזּוֹת לֹא לְמַעְלָה.** שֶׁתְּהֵא אַחַת לְמַעְלָה בְּחֻדָּהּ שֶׁל כַּפֹּרֶת הָעֶלְיוֹן וְהַשֶּׁבַע לְמַטָּה בְּעָבְיָהּ, שֶׁהֲרֵי לֹא עַל הַכַּפֹּרֶת נוֹגְעִים אֶלָּא לָאָרֶץ נוֹפְלִים: **אֶלָּא כְּמַצְלִיף.** כְּמַלְקֶה הַזֶּה, שֶׁמַּתְחִיל בֵּין הַכְּתֵפַיִם וְיוֹרֵד לְמַטָּה - כָּךְ הָיָה מִתְכַּוֵּן שֶׁיִּהְיוּ שְׁמוֹנֶה הַהַזָּאוֹת הַלָּלוּ בָּאָרֶץ כְּשׁוּרָה, זוֹ תַּחַת זוֹ: **אַחַת וְאַחַת.** שֶׁאִם לֹא יִמְנֶה הַהַזָּאָה רִאשׁוֹנָה שֶׁלְּמַעְלָה לְעַצְמָהּ עִם כָּל שֶׁבַע שֶׁלְּמַטָּה - פְּעָמִים שֶׁיִּטְעֶה וְיִמְנֶה הַהַזָּאָה רִאשׁוֹנָה עִם שֶׁבַע שֶׁלְּמַטָּה, וּבַהַזָּאָה הָרִאשׁוֹנָה שֶׁלְּמַטָּה יִמְנֶה שְׁתַּיִם. וְאֵין לוֹמַר יִמְנֶה הַהַזָּאָה שֶׁלְּמַעְלָה עִם שֶׁבַע שֶׁלְּמַטָּה וְיִמְנֶה עַד שְׁמֹנֶה, דְּיֵשׁ לוֹמַר מִצְוָה לְהַפְסִיק מַתָּנוֹת שֶׁלְּמַטָּה מִתּוֹךְ שִׁבְעָה וְלֹא מִתּוֹךְ שְׁמוֹנֶה:

לאחר הקטרת הקטורת בקודש הקודשים, היה הכוהן הגדול עובר להזאות דם הפר ודם השעיר. משנה זו מתארת את הזאת דם הפר במקום הארון, בקודש הקודשים (ויקרא טז, יד).

לאחר הקטרת הקטורת, הכוהן הגדול **נָטַל אֶת הַדָּם** של הפר **מִמִּי שֶׁהָיָה מְמָרֵס בּוֹ** מערבב **בּוֹ**, כדי שלא יקרש (ראה לעיל ד, ג). **נִכְנַס לַמָּקוֹם שֶׁנִּכְנַס** בית קודשי הקודשים, **וְעָמַד בַּמָּקוֹם שֶׁעָמַד** בין מוטות הארון, **וְהִזָּה מִמֶּנּוּ** באצבעו הזאה **אַחַת לְמַעְלָה** כשכף ידו מופנית כלפי מעלה **וְשֶׁבַע** הזאות

לְמַטָּה כשכף ידו מופנית כלפי מטה, **וְלֹא הָיָה מִתְכַּוֵּן לְהַזּוֹת לֹא לְמַעְלָה** בקצה העליון של הכפורת **וְלֹא לְמַטָּה** בכפורת, **אֶלָּא כְּמַצְלִיף** כמכה בשוט, לכיוון הקרקע, ולא נגעו הדמים בכפורת.

אחת למעלה

שבע למטה

וְכָךְ הָיָה מוֹנֶה: "אַחַת, אַחַת וְאַחַת, אַחַת וּשְׁתַּיִם, אַחַת וְשָׁלֹשׁ, אַחַת וְאַרְבַּע, אַחַת וְחָמֵשׁ, אַחַת וָשֵׁשׁ, אַחַת וָשֶׁבַע" – הכוהן הגדול היה מונה את ההזאות בפיו כדי שלא יתבלבל ויטעה. ובכל הזאה שהיזה למטה, הזכיר גם את ההזאה הראשונה שהיזה למעלה, כדי שיזכור שהמניין הוא של ההזאות שלמטה בלבד.

לאחר ההזאות, הכוהן הגדול יָצָא מקודש הקודשים וְהִנִּיחוֹ את הכלי עם הדם הנותר עַל כַּן בסיס הַזָּהָב שֶׁבַּהֵיכָל – מקום מיוחד להנחת הכלי עם הדם.

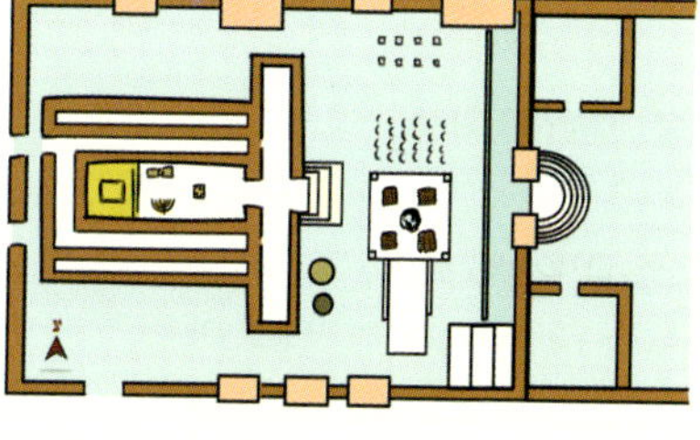

הֵבִיאוּ לוֹ לכוהן הגדול **אֶת הַשָּׂעִיר, שְׁחָטוֹ וְקִבֵּל בַּמִּזְרָק אֶת דָּמוֹ.**

נִכְנַס לְמָקוֹם שֶׁנִּכְנַס, בית קודשי הקודשים, **וְעָמַד בְּמָקוֹם שֶׁעָמַד** בין מוטות הארון, **וְהִזָּה מִמֶּנּוּ** באצבעו הזאה **אַחַת לְמַעְלָה וְשֶׁבַע** הזאות **לְמַטָּה, וְלֹא הָיָה מִתְכַּוֵּן לְהַזּוֹת לֹא לְמַעְלָה** בקצה העליון של הכפורת ממש **וְלֹא לְמַטָּה** בכפורת, **אֶלָּא כְּמַצְלִיף** כמכה בשוט, לכיוון הקרקע, ולא נגעו הדמים בכפורת.

וְכָךְ הָיָה מוֹנֶה: "אַחַת, אַחַת וְאַחַת, אַחַת וּשְׁתַּיִם, אַחַת וְשָׁלֹשׁ, אַחַת וְאַרְבַּע, אַחַת וְחָמֵשׁ, אַחַת וָשֵׁשׁ, אַחַת וָשֶׁבַע" – היה מונה את ההזאות בפיו כדי שלא יתבלבל ויטעה.

לאחר ההזאות, **יָצָא** מקודש הקודשים **וְהִנִּיחוֹ** את הדם הנותר **עַל כַּן** בסיס הזהב **הַשֵּׁנִי שֶׁהָיָה בַּהֵיכָל.**

רַבִּי יְהוּדָה אוֹמֵר: לֹא הָיָה שָׁם אֶלָּא כֵּן אֶחָד בִּלְבַד, שעליו כבר היה מונח הדם של הפר (ראה משנה ג).

נָטַל את **דַּם הַפָּר וְהִנִּיחַ** את **דַּם הַשָּׂעִיר, וְהִזָּה מִמֶּנּוּ** מדם הפר **עַל הַפָּרֹכֶת שֶׁכְּנֶגֶד הָאָרוֹן מִבַּחוּץ** – הווילון המבדיל בין ההיכל ובין קודש הקודשים, ומכוון כנגד מקום הארון. **אַחַת לְמַעְלָה וְשֶׁבַע לְמַטָּה, וְלֹא הָיָה מִתְכַּוֵּן לְהַזּוֹת לֹא לְמַעְלָה וְלֹא לְמַטָּה, אֶלָּא כְּמַצְלִיף.**

וְכָךְ הָיָה מוֹנֶה: "אַחַת, אַחַת וְאַחַת, אַחַת וּשְׁתַּיִם, אַחַת וְשָׁלֹשׁ, אַחַת וְאַרְבַּע, אַחַת וְחָמֵשׁ, אַחַת וָשֵׁשׁ, אַחַת וָשֶׁבַע".

אחרי הזאת דם הפר על הפרוכת, **נָטַל** את **דַּם הַשָּׂעִיר וְהִנִּיחַ** את **דַּם הַפָּר,**

וְהִזָּה מִמֶּנּוּ מדם השעיר **עַל הַפָּרֹכֶת שֶׁכְּנֶגֶד הָאָרוֹן מִבַּחוּץ, אַחַת לְמַעְלָה וְשֶׁבַע לְמַטָּה, וְלֹא הָיָה מִתְכַּוֵּן לְהַזּוֹת לֹא לְמַעְלָה וְלֹא לְמַטָּה, אֶלָּא כְּמַצְלִיף.**

וְכָךְ הָיָה מוֹנֶה: "אַחַת, אַחַת וְאַחַת, אַחַת וּשְׁתַּיִם, אַחַת וְשָׁלֹשׁ, אַחַת וְאַרְבַּע, אַחַת וְחָמֵשׁ, אַחַת וָשֵׁשׁ, אַחַת וָשֶׁבַע".

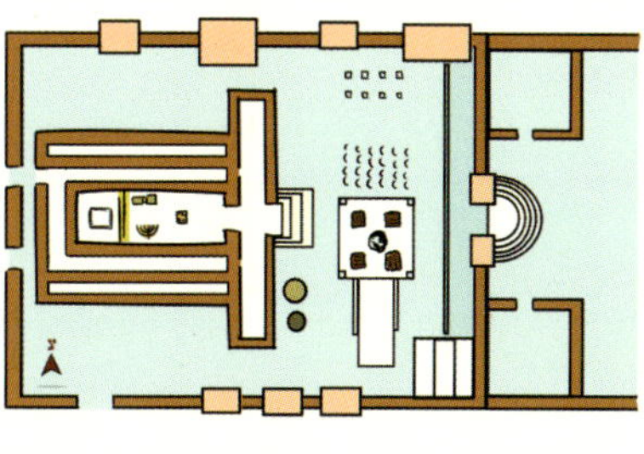

אחר שסיים את הזאות דם הפר והשעיר, **עֵרָה** שפך את **דַּם הַפָּר לְתוֹךְ דַּם הַשָּׂעִיר, וְנָתַן אֶת הַמָּלֵא בָּרֵיקָן** – העביר את הדם המעורב לכלי השני, כדי שיתערבבו היטב.

ה "וְיָצָא אֶל הַמִּזְבֵּחַ אֲשֶׁר לִפְנֵי ה'" (ויקרא טז, יח) –
זֶה מִזְבַּח הַזָּהָב.

הִתְחִיל מְחַטֵּא וְיוֹרֵד.
מֵהֵיכָן הוּא מַתְחִיל?
מִקֶּרֶן מִזְרָחִית־צְפוֹנִית, צְפוֹנִית־מַעֲרָבִית,
מַעֲרָבִית־דְּרוֹמִית, דְּרוֹמִית־מִזְרָחִית.
מָקוֹם שֶׁהוּא מַתְחִיל בַּחַטָּאת עַל מִזְבֵּחַ הַחִיצוֹן –
מִשָּׁם הָיָה גּוֹמֵר עַל מִזְבֵּחַ הַפְּנִימִי.

רַבִּי אֱלִיעֶזֶר אוֹמֵר:
בִּמְקוֹמוֹ הָיָה עוֹמֵד וּמְחַטֵּא.
וְעַל כֻּלָּן הָיָה נוֹתֵן מִלְּמַטָּה לְמַעְלָה,
חוּץ מִזּוֹ שֶׁהָיְתָה לְפָנָיו,
שֶׁעָלֶיהָ הָיָה נוֹתֵן מִלְמַעְלָה לְמַטָּה.

רבי עובדיה מברטנורה

הָיָה מְחַטֵּא וְיוֹרֵד. הַאי תַּנָּא סָבַר שֶׁהָיָה הַכֹּהֵן הוֹלֵךְ בְּרַגְלָיו לְכָל קֶרֶן וְקֶרֶן, וְכָל מַתָּנָה וּמַתָּנָה הָיְתָה בַּקֶּרֶן שֶׁלְּפָנָיו וְסָמוּךְ לוֹ. וּלְהָכִי נָקַט **מְחַטֵּא וְיוֹרֵד**, כְּלוֹמַר שֶׁהָיָה נוֹתֵן מַתָּנָה מִלְמַעְלָה לְמַטָּה, שֶׁאִם יִתֵּן מִלְּמַטָּה לְמַעְלָה בַּקֶּרֶן שֶׁלְּפָנָיו - הַדָּם זָב לְתוֹךְ בֵּית יָד שֶׁלּוֹ וּמְטַנֵּף אֶת בְּגָדָיו.

וְרַבִּי אֱלִיעֶזֶר סָבַר שֶׁהַכֹּהֵן **עוֹמֵד** בְּקֶרֶן אַחַת וּמִשָּׁם נוֹתֵן הַמַּתָּנוֹת עַל כָּל הַקְּרָנוֹת, שֶׁהֲרֵי כָּל הַמִּזְבֵּחַ אֵינוֹ אֶלָּא אַמָּה עַל אַמָּה מְרֻבָּע, וְכֵיוָן שֶׁאֵין שְׁלֹשֶׁת הַקְּרָנוֹת סְמוּכוֹת לוֹ - יָכוֹל לִתֵּן **מִלְּמַטָּה לְמַעְלָה** וְלֹא יְטַנֵּף אֶת בְּגָדָיו, **חוּץ מִקֶּרֶן זוֹ** שֶׁהוּא עוֹמֵד אֶצְלָהּ, שֶׁאִי אֶפְשָׁר לוֹ לְצַדֵּד רָאשֵׁי אֶצְבְּעוֹתָיו לְמַטָּה אֶלָּא לְמַעְלָה, שֶׁאִם יְצַדֵּד רָאשֵׁי אֶצְבְּעוֹתָיו לְמַטָּה וְיִתֵּן מַתָּנָה מִלְּמַטָּה לְמַעְלָה - הֲרֵי הַדָּם זָב לְתוֹךְ בֵּית יַד כְּתֹנֶת שֶׁלּוֹ. וְאֵין הֲלָכָה כְּרַבִּי אֱלִיעֶזֶר:

משנה זו מתארת את הזאת הדם המעורב של הפר והשעיר על גבי מזבח הזהב שבהיכל.

נאמר בפסוק: "**וְיָצָא אֶל הַמִּזְבֵּחַ אֲשֶׁר לִפְנֵי ה'**" – ודרשו חכמים: **זֶה מִזְבַּח הַזָּהָב** שנמצא בהיכל.

הִתְחִיל מְחַטֵּא מטהר את המזבח על ידי ההזאות **וְיוֹרֵד**, כמתואר בהמשך.

מֵהֵיכָן הוּא מַתְחִיל להזות? **מִקֶּרֶן מִזְרָחִית־צְפוֹנִית, צְפוֹנִית־מַעֲרָבִית, מַעֲרָבִית־דְּרוֹמִית, דְּרוֹמִית־מִזְרָחִית.** והסימן לכך הוא: **מָקוֹם שֶׁהוּא מַתְחִיל בְּחַטָּאת** בהזאה של קרבנות חטאת **עַל מִזְבַּח הַחִיצוֹן** המזבח שבעזרה – **מִשָּׁם הָיָה גוֹמֵר** את ההזאות ביום הכפורים **עַל מִזְבַּח הַפְּנִימִי,** מזבח הזהב שבהיכל, ומקום זה הוא הקרן הדרומית-מזרחית.

לדעת תנא קמא הכוהן הגדול היה הולך מקרן לקרן סביב המזבח, כדי להזות. ואילו **רַבִּי אֱלִיעֶזֶר אוֹמֵר: בִּמְקוֹמוֹ הָיָה עוֹמֵד וּמְחַטֵּא** מַזה ממקום עמידתו, ולא היה מסתובב סביב הקרנות. מזבח הזהב לא היה גדול, אלא אורכו כ-48 ס"מ ורוחבו כ-48 ס"מ. **וְעַל כֻּלָּן,** על כל הקרנות, **הָיָה נוֹתֵן,** את הדם, **מִלְּמַטָּה לְמַעְלָה, חוּץ מִזּוֹ** מקרן מזרחית-צפונית **שֶׁהָיְתָה לְפָנָיו** קרובה למקום עמידתו, שֶׁעָלֶיהָ הָיָה נוֹתֵן **מִלְמַעְלָה לְמַטָּה** – ואילו היה מזה את הדם על הקרן הקרובה אליו מלמטה למעלה, היה הדם נוזל על ידו ומלכלך את בגדיו.

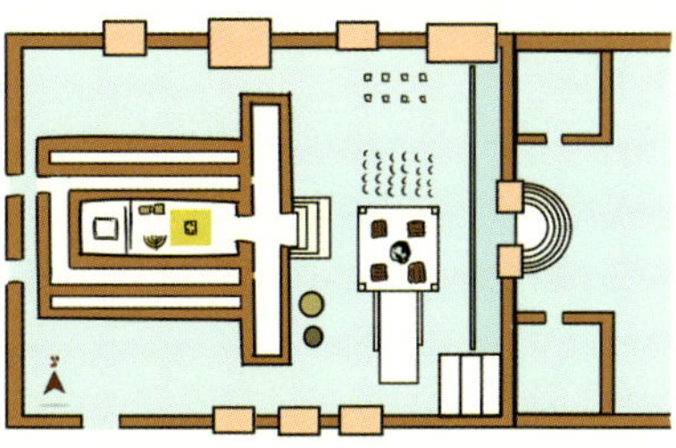

ו **הִזָּה עַל טָהֳרוֹ שֶׁל מִזְבֵּחַ שֶׁבַע פְּעָמִים.**
וּשְׁיָרֵי הַדָּם,
הָיָה שׁוֹפֵךְ עַל יְסוֹד מַעֲרָבִי שֶׁל מִזְבֵּחַ הַחִיצוֹן.
וְשֶׁל מִזְבֵּחַ הַחִיצוֹן, הָיָה שׁוֹפֵךְ עַל יְסוֹד דְּרוֹמִי.

אֵלּוּ וָאֵלּוּ מִתְעָרְבִין בָּאַמָּה וְיוֹצְאִין לְנַחַל קִדְרוֹן,
וְנִמְכָּרִין לַגַּנָּנִין לְזֶבֶל,
וּמוֹעֲלִין בָּהֶן.

רבי עובדיה מברטנורה

עַל טָהֳרוֹ. אַחַר שֶׁגָּמַר כָּל הַמַּתָּנוֹת שֶׁל קְרָנוֹת - מַזֶּה עָלָיו שֶׁבַע פְּעָמִים כִּדְכְתִיב (ויקרא טז, יט): "וְהִזָּה עָלָיו מִן הַדָּם". **טָהֳרוֹ,** הַמָּקוֹם הַמְגֻלֶּה שֶׁבּוֹ, שֶׁחוֹתֶה הָאֵפֶר וְהַגֶּחָלִים אֵילָךְ וְאֵילָךְ, וּמַזֶּה עַל זְהָבוֹ שֶׁל מִזְבֵּחַ: **וְשֶׁל מִזְבֵּחַ הַחִיצוֹן.** שְׁיָרֵי דַּם הַחַטָּאוֹת הַחִיצוֹנוֹת הָיָה שׁוֹפֵךְ עַל יְסוֹד דְּרוֹמִי:

אֵלּוּ וְאֵלּוּ. דָּמִים הַחִיצוֹנִים וְהַפְּנִימִים הַנִּשְׁפָּכִים עַל מִזְבַּח הָעוֹלָה, הָיוּ שׁוֹתְתִים וְנוֹפְלִים מִן הַיְסוֹד לָרִצְפָּה, **וּמִתְעָרְבִין בָּאַמָּה.** סִילוֹן שֶׁבָּעֲזָרָה הַיּוֹצֵא לְנַחַל קִדְרוֹן: **לַגַּנָּנִים.** לְבַעֲלֵי גִּנּוֹת: **וּמוֹעֲלִין בָּהֶם.** אָסוּר לֵהָנוֹת מֵהֶם בְּלֹא דָּמִים:

לאחר ההזאות על קרנות מזבח הזהב שבהיכל המתוארות במשנה הקודמת, משנה זו מתארת הזאה נוספת על גגו של המזבח.

הִזָּה הכוהן הגדול **עַל טָהֳרוֹ,** מקום מגולה שאין בו אפר או גחלים, **שֶׁל מִזְבֵּחַ** הזהב שבהיכל **שֶׁבַע פְּעָמִים.** לצורך הזאה זו היה צריך לפנות אפר וגחלים שיהיה מקום מגולה.

וּשְׁיָרֵי הַדָּם, שארית הדם שנותרה אחר ההזאות, **הָיָה שׁוֹפֵךְ עַל יְסוֹד מַעֲרָבִי שֶׁל מִזְבֵּחַ הַחִיצוֹן,** המזבח שבעזרה. **וְשֶׁל מִזְבֵּחַ הַחִיצוֹן** - השאריות מהדם שהיו מזים על המזבח שבעזרה, **הָיָה שׁוֹפֵךְ עַל יְסוֹד דְּרוֹמִי** של המזבח. על גבי יסוד המזבח היו שני נקבים שלתוכם היו שופכים את הדמים, נקב אחד בצד המערבי ונקרא יסוד מערבי, והשני בצד הדרומי

ונקרא יסוד דרומי, ולתוך כל אחד מהם היו שופכים דמים אחרים (כפי שדרשו זאת מן הפסוקים בגמרא זבחים נג, א).

אֵלּוּ וָאֵלּוּ, כל הדמים הנשפכים, **מִתְעָרְבִין** מתוך הנקבים שבהם נשפכו **בָּאַמָּה**, תעלת המים שבעזרה, **וְיוֹצְאִין לְנַחַל** על יד העיר העתיקה הנקרא **קִדְרוֹן, וְנִמְכָּרִין** דמים אלו לצורכי חול, כגון **לַגַּנָּנִין לְזֶבֶל** לדישון הקרקע (בדם יש ברזל ומינרלים שמזינים את הקרקע, וגם בימינו יש המשתמשים בו לדישון), **וּמוֹעֲלִין בָּהֶן** - יש בדמים אלו איסור הנאה (=מעילה), אם לא משלמים עבורם. איסור מעילה מן התורה הוא אפילו בעבור תשלום, אך כאן האיסור הוא מדברי חכמים בלבד מפני שנעשתה מצוותו והם התירו את ההנאה בעבור תשלום (תפארת ישראל).

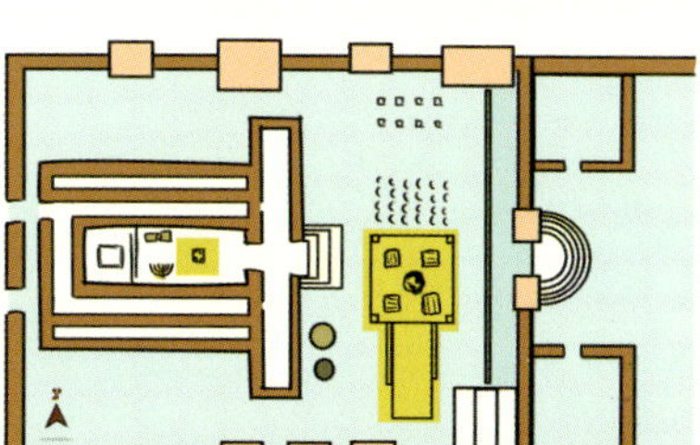

ז כָּל מַעֲשֵׂה יוֹם הַכִּפּוּרִים הָאָמוּר עַל הַסֵּדֶר,
אִם הִקְדִּים מַעֲשֶׂה לַחֲבֵרוֹ –
לֹא עָשָׂה כְּלוּם.

הִקְדִּים דַּם הַשָּׂעִיר לְדַם הַפָּר –
יַחֲזֹר וְיַזֶּה מִדַּם הַשָּׂעִיר לְאַחַר דַּם הַפָּר.
וְאִם עַד שֶׁלֹּא גָמַר אֶת הַמַּתָּנוֹת שֶׁבִּפְנִים נִשְׁפַּךְ הַדָּם –
יָבִיא דָם אַחֵר וְיַחֲזֹר וְיַזֶּה בַּתְּחִלָּה בִּפְנִים.

וְכֵן בַּהֵיכָל, וְכֵן בְּמִזְבַּח הַזָּהָב,
שֶׁכֻּלָּן כַּפָּרָה בִּפְנֵי עַצְמָן.
רַבִּי אֶלְעָזָר וְרַבִּי שִׁמְעוֹן אוֹמְרִים:
מִמְּקוֹם שֶׁפָּסַק –
מִשָּׁם הוּא מַתְחִיל.

רבי עובדיה מברטנורה

כָּל מַעֲשֵׂה יוֹם הַכִּפּוּרִים. כָּל עֲבוֹדוֹת שֶׁעוֹבֵד בְּבִגְדֵי לָבָן בִּפְנִים וּבַהֵיכָל: **הָאָמוּר עַל הַסֵּדֶר.** בְּמִשְׁנָתֵנוּ: **וְכֵן בַּהֵיכָל.** נָתַן מִקְצָת מַתָּנוֹת בַּפָּרֹכֶת וְנִשְׁפַּךְ הַדָּם - יָבִיא פַר אַחֵר וְיַתְחִיל מַתְּנוֹת הַפָּרֹכֶת, וְאֵין צָרִיךְ לַחֲזֹר וּלְהַתְחִיל בִּפְנִים: **שֶׁכֻּלָּן כַּפָּרָה בִּפְנֵי עַצְמָן.** לְפִיכָךְ כַּפָּרָה שֶׁנִּגְמְרָה נִגְמְרָה: **מִמְּקוֹם שֶׁפָּסַק.** וַאֲפִלּוּ לֹא נִגְמְרָה אוֹתָהּ כַּפָּרָה - אֵין צָרִיךְ לַחֲזֹר וְלִתֵּן מַה שֶּׁנָּתַן. וְאֵין הֲלָכָה כְּרַבִּי אֱלִיעֶזֶר וְרַבִּי שִׁמְעוֹן:

לעבודת הכוהן הגדול ביום הכפורים ישנו סדר שעל פיו יש לנהוג. משנה זו דנה במקרה שהכוהן הגדול שינה מהסדר.

כָּל מַעֲשֵׂה עבודת הכוהן הגדול של **יוֹם הַכִּפּוּרִים הָאָמוּר** בתורה **עַל הַסֵּדֶר, אִם הִקְדִּים מַעֲשֶׂה לַחֲבֵרוֹ** ושינה את הסדר האמור בתורה, **לֹא עָשָׂה כְּלוּם** – עבודתו פסולה, וצריך לעשותה שוב על פי הסדר.

כפי ששנינו לעיל, סדר ההזאות הוא שדם הפר קודם לדם השעיר, ואם **הִקְדִּים** את הזאת **דַּם הַשָּׂעִיר לְדַם הַפָּר - יַחֲזֹר וְיַזֶּה מִדַּם הַשָּׂעִיר לְאַחַר דַּם הַפָּר.**

וְאִם עַד שֶׁלֹּא גָּמַר אֶת הַמַּתָּנוֹת, ההזאות, **שֶׁבִּפְנִים,** בקודש הקודשים, **נִשְׁפַּךְ הַדָּם,** ולכן אינו יכול לסיים את ההזאות כהוגן - **יָבִיא דָּם אַחֵר,** על ידי שישחט בהמה אחרת, **וְיַחֲזֹר וְיַזֶּה בַּתְּחִלָּה בִּפְנִים.**

וְכֵן הדין אם נשפך הדם לפני שסיימו את ההזאות **בַּהֵיכָל, וְכֵן** לפני שסיימו את ההזאות **בְּמִזְבַּח הַזָּהָב, שֶׁכֻּלָּן כַּפָּרָה בִּפְנֵי עַצְמָן,** וצריך לעשותן כבתחילה על ידי שישחט בהמה אחרת. לעומת אלו, שפיכת הדם על יסוד המזבח אינה מעכבת את הכפרה.

רַבִּי אֶלְעָזָר וְרַבִּי שִׁמְעוֹן אוֹמְרִים: מִמְּקוֹם שֶׁפָּסַק - מִשָּׁם הוּא מַתְחִיל. לדעתם, אם נשפך הדם לפני שסיימו את ההזאות, לא צריך להזות שנית את מה שכבר היזה, אלא שוחט בהמה אחרת ובדמה ממשיך את ההזאות ממקום שפסק.

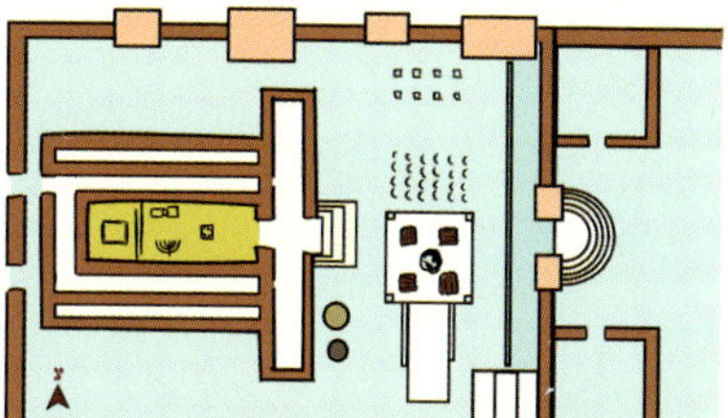

פרק שישי

הפרק הקודם עסק בעבודת השעיר לה', ואילו פרק זה עוסק בעבודת השעיר המשתלח לעזאזל ביום הכיפורים, כדי לכפר על עוונות עם ישראל.

הפרק דן בהבדלים בין שעיר זה ובין השעיר העולה קרבן לה', בבחירת השעיר, בווידוי של הכוהן הגדול עליו, במסירתו והולכתו אל הצוק ובסימנים שהיו עושים כדי לדעת שהשתלח בהצלחה והתכפרו עוונותיהם של ישראל.

א שְׁנֵי שְׂעִירֵי יוֹם הַכִּפּוּרִים,
מִצְוָתָן שֶׁיִּהְיוּ שְׁנֵיהֶן שָׁוִין –
בְּמַרְאֶה וּבְקוֹמָה וּבְדָמִים וּבִלְקִיחָתָן כְּאֶחָד.
וְאַף עַל פִּי שֶׁאֵינָן שָׁוִין – כְּשֵׁרִין.
לָקַח אֶחָד הַיּוֹם וְאֶחָד לְמָחָר – כְּשֵׁרִין.

מֵת אֶחָד מֵהֶן,
אִם עַד שֶׁלֹּא הִגְרִיל מֵת –
יִקַּח זוּג לַשֵּׁנִי.

וְאִם מִשֶּׁהִגְרִיל מֵת –
יָבִיא זוּג אַחֵר וְיַגְרִיל עֲלֵיהֶם בַּתְּחִלָּה,
וְיֹאמַר אִם שֶׁל שֵׁם מֵת:
"זֶה שֶׁעָלָה עָלָיו הַגּוֹרָל 'לַשֵּׁם' יִתְקַיֵּם תַּחְתָּיו",
וְאִם שֶׁל עֲזָאזֵל מֵת:
"זֶה שֶׁעָלָה עָלָיו הַגּוֹרָל 'לַעֲזָאזֵל' יִתְקַיֵּם תַּחְתָּיו".

וְהַשֵּׁנִי –
יִרְעֶה עַד שֶׁיִּסְתָּאֵב, וְיִמָּכֵר וְיִפְּלוּ דָמָיו לִנְדָבָה,
שֶׁאֵין חַטַּאת צִבּוּר מֵתָה.
רַבִּי יְהוּדָה אוֹמֵר: תָּמוּת.

וְעוֹד אָמַר רַבִּי יְהוּדָה:
נִשְׁפַּךְ הַדָּם – יָמוּת הַמִּשְׁתַּלֵּחַ,
מֵת הַמִּשְׁתַּלֵּחַ – יִשָּׁפֵךְ הַדָּם.

רבי עובדיה מברטנורה

שְׁנֵי שְׂעִירֵי. בְּמַרְאֶה. שְׁנֵיהֶם לְבָנִים אוֹ שְׁנֵיהֶם שְׁחוֹרִים: **וּבְקוֹמָה וּבְדָמִים.** דִּתְלָתָא קְרָאֵי כְּתִיבִי (ויקרא טז, ה): "וּמֵאֵת עֲדַת בְּנֵי יִשְׂרָאֵל יִקַּח שְׁנֵי שְׂעִירִים", (שם, ז): "וְלָקַח אֶת שְׁנֵי הַשְּׂעִירִם, (שם, ח): "וְנָתַן אַהֲרֹן עַל שְׁנֵי הַשְּׂעִירִם". וְכֵיוָן דִּשְׂעִירִים - תְּרֵי מַשְׁמַע, מָה תַּלְמוּד לוֹמַר "שְׁנֵי", "שְׁנֵי", "שְׁנֵי" תְּלָתָא זִמְנֵי? אֶלָּא שֶׁיִּהְיוּ שָׁוִים בְּמַרְאֶה וּבְקוֹמָה וּבְדָמִים:

וְיֹאמַר אִם שֶׁל שֵׁם מֵת כוּ'. הָכִי מְפָרְשָׁה, אִם שֶׁל שֵׁם מֵת יֹאמַר זֶה שֶׁעָלָה עָלָיו הַגּוֹרָל לַשֵּׁם יִתְקַיֵּם תַּחְתָּיו: **וְאִם שֶׁל עֲזָאזֵל מֵת.** יֹאמַר זֶה שֶׁעָלָה עָלָיו וְכוּ': **וְהַשֵּׁנִי.** אִם שֶׁל עֲזָאזֵל מֵת וְעַכְשָׁו יֵשׁ כָּאן שְׁנַיִם לַשֵּׁם, אֶחָד שֶׁנִּשְׁאַר מִזּוּג רִאשׁוֹן וְאֶחָד מִזּוּג שֵׁנִי - וּבְאֶחָד מֵהֶן יִתְכַּפְּרוּ, וְהַשֵּׁנִי יִרְעֶה. וְכֵן אִם שֶׁל שֵׁם מֵת וַהֲרֵי יֵשׁ כָּאן שְׁנַיִם לַעֲזָאזֵל - הָאֶחָד יִשְׁתַּלַּח וְהַשֵּׁנִי יִרְעֶה. וְשֵׁנִי שֶׁבַּזּוּג שֵׁנִי הוּא שֶׁיִּרְעֶה עַד שֶׁיִּפֹּל בּוֹ מוּם, וְשֵׁנִי שֶׁבַּזּוּג רִאשׁוֹן הוּא שֶׁיִּקְרַב אִם הוּא שֶׁל שֵׁם, אוֹ יִשְׁתַּלַּח אִם הוּא שֶׁל עֲזָאזֵל, שֶׁאֵין בַּעֲלֵי חַיִּים נִדְחִין, וְאִם אֵרְעָה לָהֶן שְׁעַת פְּסוּל עֲדַיִן יְכוֹלִין לְהִתָּקֵן כְּשֶׁיִּזְדַּוֵּג לוֹ אַחֵר:

שֶׁאֵין חַטַּאת צִבּוּר מֵתָה. דְּכִי גְּמִירִי חַטָּאוֹת מֵתוֹת - בְּיָחִיד גְּמִירִי. וּשְׂעִירֵי יוֹם הַכִּפּוּרִים חַטֹּאות צִבּוּר הֵן דִּכְתִיב (ויקרא טז, ה): "וּמֵאֵת עֲדַת בְּנֵי יִשְׂרָאֵל יִקַּח". וְחַטָּאת מֵתָה הוּא שֶׁמַּכְנִיסִין אוֹתָהּ לְבַיִת אֶחָד וּמַנִּיחִין אוֹתָהּ שָׁם עַד שֶׁתָּמוּת:

וְעוֹד אָמַר רַבִּי יְהוּדָה: נִשְׁפַּךְ הַדָּם. שֶׁל שָׂעִיר שֶׁל הַשֵּׁם, **יָמוּת הַמִּשְׁתַּלֵּחַ,** דְּהָא לָא אִתְעֲבִידָא מִצְוָה דְּדָם, וּבְכָל הָעֲבוֹדוֹת הַנַּעֲשׂוֹת בְּבִגְדֵי לָבָן בֵּין בִּפְנִים בֵּין בַּחוּץ 'חֻקָּה' כְּתִיב בְּהוּ, לְעַכֵּב, וְצָרִיךְ לְהָבִיא דָּם אַחֵר, וְאִי אֶפְשָׁר אֶלָּא בְּהַגְרָלָה, וְכֵיוָן דְּאִית לֵיהּ בַּעֲלֵי חַיִּים נִדְחִין - יָמוּת הַמִּשְׁתַּלֵּחַ הָרִאשׁוֹן: **מֵת הַמִּשְׁתַּלֵּחַ.** אַף עַל גַּב דְּשִׁלּוּחַ לֹא מְעַכֵּב לְדִבְרֵי הַכֹּל, דְּכִי כְּתִיב 'חֻקָּה' לְעַכֵּב - אַדְּבָרִים שֶׁהַכֹּהֵן עוֹשֶׂה בְּבִגְדֵי לָבָן, לֹא עַל דְּבָרִים הַנַּעֲשִׂים בְּיַד אִישׁ עִתִּי, מִכָּל מָקוֹם יָלְפִינַן מִקְּרָא דִּכְתִיב (שם, י): "יָעֳמַד חַי לִפְנֵי ה' לְכַפֵּר עָלָיו", עַד אֵימָתַי זָקוּק הַמִּשְׁתַּלֵּחַ לַעֲמֹד חַי? עַד שְׁעַת מַתַּן דָּמוֹ שֶׁל חֲבֵרוֹ, הָא אִם מֵת קֹדֶם לָכֵן - אֵין כַּפָּרַת הַדָּם כְּלוּם. לְכָךְ צָרִיךְ תַּשְׁלוּמִים. וּבְלֹא הַגְרָלָה אִי אֶפְשָׁר, וְזָקוּק לִשְׁנַיִם, וְרִאשׁוֹן יִדָּחֶה, דְּהַכֹּל מוֹדִים בִּשְׁחוּטִים שֶׁנִּדְחִים:

משנה זו דנה בהבדלים שבין השעיר העולה קרבן לה' ובין השעיר המשתלח לעזאזל.

שְׁנֵי שְׂעִירֵי יוֹם הַכִּפּוּרִים, השעיר העולה קרבן לה' והשעיר המשתלח לעזאזל, **מִצְוָתָן** לכתחילה **שֶׁיִּהְיוּ שְׁנֵיהֶן שָׁוִין** זה לזה בארבעה דברים: **בְּמַרְאֶה,** בצבע, **וּבְקוֹמָה,** בגובה, **וּבְדָמִים,** בערך הכספי, **וּבִלְקִיחָתָן כְּאֶחָד** – קנייתם בבת אחת. **וְאַף עַל פִּי שֶׁאֵינָן שָׁוִין** – בדיעבד **כְּשֵׁרִין.** וכן אם לא קנה אותם בבת אחת, אלא **לָקַח אֶחָד הַיּוֹם וְאֶחָד לְמָחָר** – **כְּשֵׁרִין** בדיעבד, ואפילו אם היה זמן רב בין קניית הראשון לשני (ריטב"א).

חלק מעבודת השעירים של הכוהן הגדול ביום הכיפורים הוא לעשות גורל שבו ייקבע מיהו השעיר לה' ומיהו השעיר המשתלח לעזאזל. אם לא נעשה גורל בין השניים, אי אפשר לקיים בהם את העבודה. המשנה דנה במקרים שמת אחד השעירים.

מֵת אֶחָד מֵהֶן, משני השעירים, **אִם עַד שֶׁלֹּא הִגְרִיל מֵת** – **יִקַּח** בן **זוּג לַשֵּׁנִי** שנותר, ויעשה את הגורל על זוג השעירים החדש.

וְאִם מִשֶּׁהִגְרִיל, אחרי שעשה את ההגרלה, **מֵת** וכבר נקבעו תפקידי השעירים, **יָבִיא זוּג אַחֵר,** שני שעירים, **וְיַגְרִיל עֲלֵיהֶם בַּתְּחִלָּה.**

וְיֹאמַר, הכוהן הגדול: **אִם** השעיר **שֶׁל שֵׁם מֵת: "זֶה שֶׁעָלָה עָלָיו הַגּוֹרָל** החדש **'לַשֵּׁם' יִתְקַיֵּם תַּחְתָּיו"**, תחת השעיר לה' שמת.

וְאִם השעיר **שֶׁל עֲזָאזֵל מֵת**, יאמר הכוהן הגדול: **"זֶה שֶׁעָלָה עָלָיו הַגּוֹרָל** החדש **'לַעֲזָאזֵל' יִתְקַיֵּם תַּחְתָּיו"**, תחת השעיר לעזאזל שמת.

וְהַשֵּׁנִי, השעיר שנותר מהגורל הראשון וכעת אין לו זוג והוא הוחלף, **יִרְעֶה** בשדה **עַד שֶׁיִּסְתָּאֵב**, עד שייפול בו מום שיפסול אותו מהקרבה, **וְיִמָּכֵר וְיִפְּלוּ דָמָיו**, כספי המכירה, **לִנְדָבָה** – לקופה שהייתה במקדש, ומהכסף שהיה שם היו מקריבים עולות נדבה כשהמזבח פנוי, **שֶׁאֵין חַטַּאת צִבּוּר** שנפסלה מהקרבה **מֵתָה** בלי שייפול בה מום ותיפסל.

רַבִּי יְהוּדָה אוֹמֵר: תָּמוּת – לדעת רבי יהודה, חטאת ציבור שאין בה צורך כי הכפרה נעשתה בקרבן אחר, תמות. וזהו המקרה של המשנה שלנו, שהשעיר הנותר מהגורל הראשון הוחלף באחר.

וְעוֹד אָמַר רַבִּי יְהוּדָה: נִשְׁפַּךְ הַדָּם של השעיר לה', קודם שסיימו את ההזאות (המבוארות בפרק הקודם), **יָמוּת** השעיר **הַמִּשְׁתַּלֵּחַ**, ויעשו גורל חדש בשעירים חדשים. **מֵת** השעיר **הַמִּשְׁתַּלֵּחַ** קודם שסיימו את הזאות השעיר לה', **יִשָּׁפֵךְ הַדָּם**, ויעשו גורל חדש עם שעירים חדשים.

ב בָּא לוֹ אֵצֶל שְׂעִיר הַמִּשְׁתַּלֵּחַ,
וְסוֹמֵךְ שְׁתֵּי יָדָיו עָלָיו וּמִתְוַדֶּה.

וְכָךְ הָיָה אוֹמֵר:
"אָנָּא הַשֵּׁם,
עָווּ, פָּשְׁעוּ, חָטְאוּ לְפָנֶיךָ עַמְּךָ בֵּית יִשְׂרָאֵל.
אָנָּא בַּשֵּׁם,
כַּפֶּר נָא לָעֲוֹנוֹת וְלַפְּשָׁעִים וְלַחֲטָאִים
שֶׁעָווּ וְשֶׁפָּשְׁעוּ וְשֶׁחָטְאוּ לְפָנֶיךָ עַמְּךָ בֵּית יִשְׂרָאֵל,
כַּכָּתוּב בְּתוֹרַת מֹשֶׁה עַבְדֶּךָ, לֵאמֹר (ויקרא טז, ל):
'כִּי בַיּוֹם הַזֶּה,
יְכַפֵּר עֲלֵיכֶם לְטַהֵר אֶתְכֶם,
מִכֹּל חַטֹּאתֵיכֶם לִפְנֵי ה' תִּטְהָרוּ'".

וְהַכֹּהֲנִים וְהָעָם הָעוֹמְדִים בָּעֲזָרָה,
כְּשֶׁהָיוּ שׁוֹמְעִים שֵׁם הַמְפֹרָשׁ
שֶׁהוּא יוֹצֵא מִפִּי כֹּהֵן גָּדוֹל,
הָיוּ כּוֹרְעִים וּמִשְׁתַּחֲוִים וְנוֹפְלִים עַל פְּנֵיהֶם,
וְאוֹמְרִים:
"בָּרוּךְ שֵׁם כְּבוֹד מַלְכוּתוֹ לְעוֹלָם וָעֶד".

רבי עובדיה מברטנורה

בָּא לוֹ אֵצֶל שָׂעִיר. לְאַחַר שֶׁגָּמַר מַתַּן דָּמִים שֶׁל פַּר וְשָׂעִיר, בָּא לוֹ הַכֹּהֵן אֵצֶל שָׂעִיר הַמִּשְׁתַּלֵּחַ בַּמָּקוֹם שֶׁהֶעֱמִידוֹ שָׁם כְּנֶגֶד בֵּית שְׁלוּחוֹ:

משנה זו מתארת את עבודת הכוהן הגדול ביום הכיפורים בשעיר המשתלח, הנעשית לאחר הזאות הדם של הפר והשעיר לה' ושפיכת שאריות הדם במזבח.

בָּא לוֹ, הכוהן הגדול, **אֵצֶל שְׂעִיר הַמִּשְׁתַּלֵּחַ, וְסוֹמֵךְ שְׁתֵּי יָדָיו עָלָיו וּמִתְוַדֶּה.**

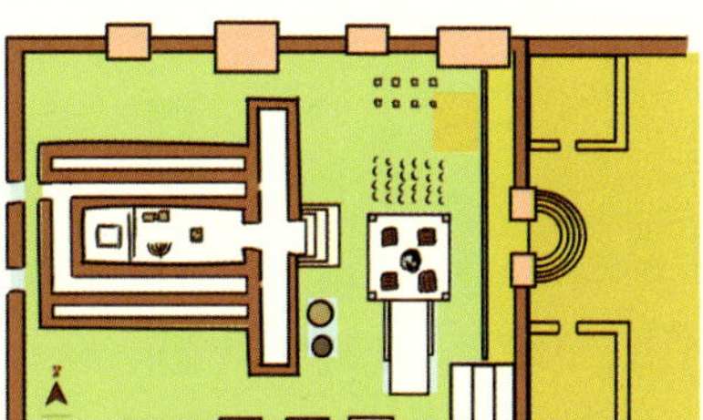

וְכָךְ הָיָה אוֹמֵר בווידוי: "אָנָּא הַשֵּׁם, עָווּ, פָּשְׁעוּ, חָטְאוּ לְפָנֶיךָ עַמְּךָ בֵּית יִשְׂרָאֵל.

אָנָּא בַּשֵּׁם, כַּפֶּר נָא לַעֲוֹנוֹת וְלַפְּשָׁעִים וְלַחֲטָאִים, שֶׁעָווּ וְשֶׁפָּשְׁעוּ וְשֶׁחָטְאוּ לְפָנֶיךָ עַמְּךָ בֵּית יִשְׂרָאֵל, כַּכָּתוּב בְּתוֹרַת מֹשֶׁה עַבְדֶּךָ, לֵאמֹר (ויקרא טז, ל): "כִּי בַיּוֹם הַזֶּה, יְכַפֵּר עֲלֵיכֶם לְטַהֵר אֶתְכֶם, מִכֹּל חַטֹּאתֵיכֶם לִפְנֵי ה' תִּטְהָרוּ".

וְהַכֹּהֲנִים וְהָעָם הָעוֹמְדִים בָּעֲזָרָה, כְּשֶׁהָיוּ שׁוֹמְעִים שֵׁם הַמְפֹרָשׁ, הוא שם הוי"ה שֶׁהוּא יוֹצֵא מִפִּי כֹּהֵן גָּדוֹל, הָיוּ כּוֹרְעִים וּמִשְׁתַּחֲוִים וְנוֹפְלִים עַל פְּנֵיהֶם, וְאוֹמְרִים: "בָּרוּךְ שֵׁם כְּבוֹד מַלְכוּתוֹ לְעוֹלָם וָעֶד".

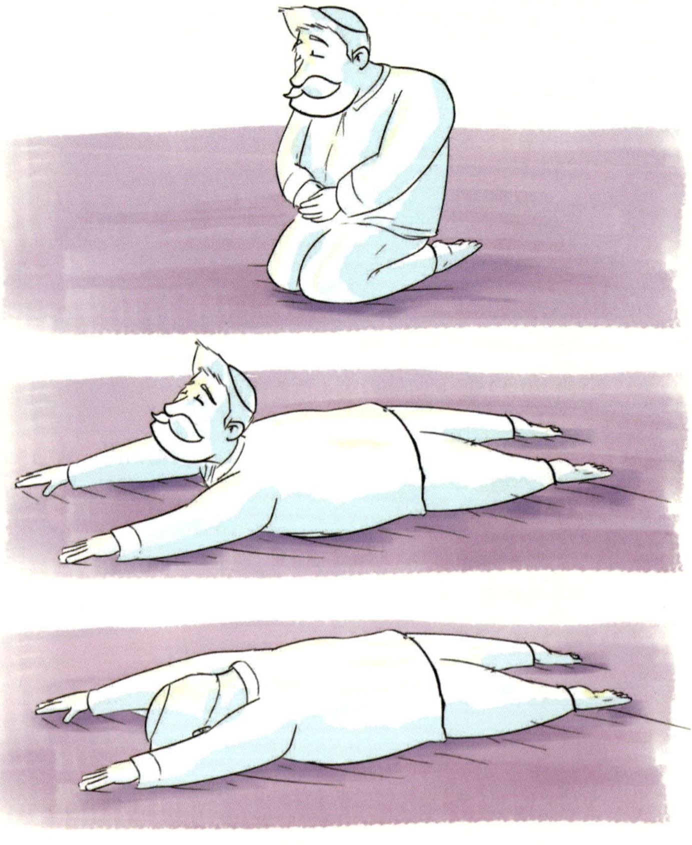

ג מְסָרוֹ לְמִי שֶׁהָיָה מוֹלִיכוֹ.
הַכֹּל כְּשֵׁרִין לְהוֹלִיכוֹ,
אֶלָּא שֶׁעָשׂוּ הַכֹּהֲנִים גְּדוֹלִים קֶבַע,
וְלֹא הָיוּ מַנִּיחִין אֶת יִשְׂרָאֵל לְהוֹלִיכוֹ.
אָמַר רַבִּי יוֹסֵי:
מַעֲשֶׂה וְהוֹלִיכוֹ עַרְסְלָא,
וְיִשְׂרָאֵל הָיָה.

רבי עובדיה מברטנורה

אֶלָּא שֶׁעָשׂוּ הַכֹּהֲנִים קֶבַע. לִהְיוֹת מְשַׁלְּחִין אוֹתוֹ, וְלֹא הָיוּ בֵּית דִּין שֶׁל כֹּהֲנִים מַנִּיחִין אֶת יִשְׂרָאֵל לְהוֹלִיכוֹ: **עַרְסְלָא.** שֵׁם הָאִישׁ:

משנה זו מבארת מי מוליך את השעיר המשתלח אל המדבר.

לאחר הווידוי, הכוהן הגדול **מְסָרוֹ** את השעיר המשתלח **לְמִי שֶׁהָיָה מוֹלִיכוֹ** למדבר, לצוק שממנו היה משתלח.

הַכֹּל כְּשֵׁרִין לְהוֹלִיכוֹ – מן הדין כל אדם כשר להולכת השעיר למדבר, **אֶלָּא שֶׁעָשׂוּ הַכֹּהֲנִים גְּדוֹלִים קֶבַע, וְלֹא הָיוּ מַנִּיחִין אֶת יִשְׂרָאֵל לְהוֹלִיכוֹ** – הכוהנים קבעו שרק כוהן יוליך את השעיר, כדי שכל מעשי יום הכפורים המכפרים על ישראל יֵעשו בידי כוהנים.

אָמַר רַבִּי יוֹסֵי: מַעֲשֶׂה וְהוֹלִיכוֹ אדם ששמו **עַרְסְלָא, וְיִשְׂרָאֵל הָיָה,** ומכאן ראיה שלא רק כוהנים היו מוליכים את השעיר.

ד **וְכֶבֶשׁ עָשׂוּ לוֹ,**
מִפְּנֵי הַבַּבְלִיִּים שֶׁהָיוּ מְתַלְּשִׁים בִּשְׂעָרוֹ,
וְאוֹמְרִים לוֹ: "טֹל וָצֵא! טֹל וָצֵא"!

מִיַּקִּירֵי יְרוּשָׁלַיִם הָיוּ מְלַוִּין אוֹתוֹ עַד סֻכָּה הָרִאשׁוֹנָה.
עֶשֶׂר סֻכּוֹת מִירוּשָׁלַיִם וְעַד צוּק,
תִּשְׁעִים רִיס – שִׁבְעָה וּמֶחֱצָה לְכָל מִיל.

רבי עובדיה מברטנורה

וְכֶבֶשׁ. כְּמִין מַעֲלָה עָשׂוּ, שֶׁהוּא גָּבֹהַּ וְיוֹצֵא דֶּרֶךְ הַכֶּבֶשׁ חוּץ לָעֲזָרָה וְחוּץ לָעִיר, כְּדֵי שֶׁלֹּא יוּכְלוּ הַבַּבְלִיִּים לִיגַּע בַּמְשַׁלֵּחַ. לְפִי שֶׁהָיוּ רְגִילִין לְתַלְּשׁוֹ בִּשְׂעָרוֹ וְאוֹמְרִים לוֹ: "טֹל מַהֵר וְצֵא, וְאַל תַּשְׁהֶא עֲוֹנוֹתֵינוּ אֶצְלֵנוּ עוֹד":
מִיַּקִּירֵי יְרוּשָׁלַיִם. מֵחֲשׁוּבֵי יְרוּשָׁלַיִם: **עַד סֻכָּה רִאשׁוֹנָה.** סֻכּוֹת עָשׂוּ לוֹ בַּדֶּרֶךְ וְהוֹלְכִין בְּנֵי אָדָם לָגוּר שָׁם לִפְנֵי יוֹם הַכִּפּוּרִים שֶׁמְּלַוִּין אוֹתוֹ מִסֻּכָּה לְסֻכָּה: **תִּשְׁעִים רִיס.** הָיוּ מִירוּשָׁלַיִם וְעַד הַצּוּק. כָּל הַר גָּבֹהַּ וְזָקוּף קָרוּי צוּק: **שִׁבְעָה וּמֶחֱצָה לְכָל מִיל.** רִיסִין. אֲנִי שָׁמַעְתִּי דְּ"רוּס" גָּרְסִינַן, בְּוָי"ו, וְהֵם מָאתַיִם וְס"ו פְּסִיעוֹת כְּחֶשְׁבּוֹן רוּס. נִמְצְאוּ ז' רִיסִין וּמֶחֱצָה - אַלְפַּיִם פְּסִיעוֹת פָּחוֹת ה', קָרוֹב לְמִדַּת תְּחוּם שַׁבָּת, וְצ' רִיס הֵם י"ב מִיל:

משנה זו מתארת את מהלך הדרך לשילוח השעיר לעזאזל.

וְכֶבֶשׁ כמין גשר מן העזרה אל מחוץ לעיר, **עָשׂוּ לוֹ** לאדם המוליך את השעיר, **מִפְּנֵי הַבַּבְלִיִּים שֶׁהָיוּ מְתַלְּשִׁים בִּשְׂעָרוֹ** של המשלח, **וְאוֹמְרִים לוֹ: "טֹל וָצֵא! טֹל וָצֵא"!** כלומר, טול את השעיר במהירות וצא, ובכך תזרז את הכפרה. מפני התנהגות זו, חכמים עשו למשלח גשר שלא יוכלו לגעת בו. ויש מפרשים שאותם בבליים לא תלשו את שערו של האדם המשלח, אלא את השיער של השעיר, והיו עוברים על איסור "גוזז" ביום הכיפורים (פסקי הרי"ד).

מִיַּקִּירֵי מהאנשים החשובים של **יְרוּשָׁלַיִם, הָיוּ מְלַוִּין אוֹתוֹ** את המשלח **עַד סֻכָּה הָרִאשׁוֹנָה** מבין הסוכות שהיו פרוסות לאורך הדרך לצוק.

עֶשֶׂר סֻכּוֹת עשו למשלח **מִירוּשָׁלַיִם וְעַד צוּק,** הר גבוה וזקוף, שממנו השעיר היה משתלח, הנקרא בתורה "עזאזל" (ויקרא טז, י). המרחק הכולל עד הצוק היה **תִּשְׁעִים רִיס,** ואורך מידת הריס היא **שִׁבְעָה וּמֶחֱצָה** ריס **לְכָל מִיל.** נמצא שמירושלים עד הצוק היו 12 מיל, שהם כ-11.5 קילומטרים. יש המזהים את הר העזאזל עם הר מונטר שבמדבר יהודה, ויש אומרים שהוא הר באזור מכמש.

ה

עַל כָּל סֻכָּה וְסֻכָּה אוֹמְרִים לוֹ:
"הֲרֵי מָזוֹן וַהֲרֵי מַיִם",
וּמְלַוִּין אוֹתוֹ מִסֻּכָּה לְסֻכָּה,
חוּץ מֵאַחֲרוֹנָה שֶׁבָּהֶן, שֶׁאֵינוֹ מַגִּיעַ עִמּוֹ לַצּוּק,
אֶלָּא עוֹמֵד מֵרָחוֹק וְרוֹאֶה אֶת מַעֲשָׂיו.

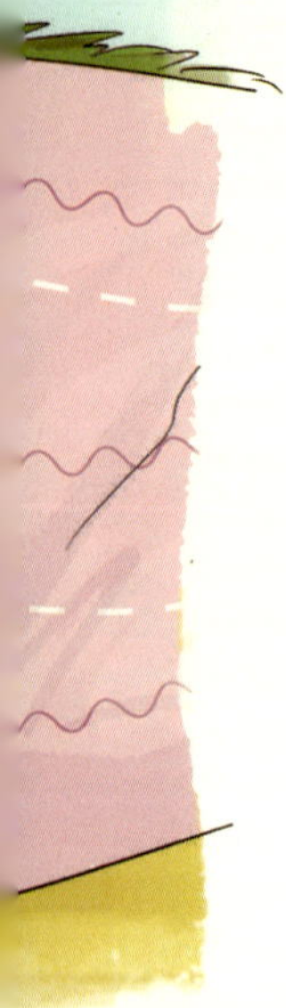

רבי עובדיה מברטנורה

"הֲרֵי מָזוֹן וַהֲרֵי מַיִם". לֹא הָיוּ אוֹמְרִים לוֹ כָּךְ אֶלָּא כְּדֵי שֶׁיִּיטַב לִבּוֹ, שֶׁמִּי שֶׁיֵּשׁ לוֹ פַּת בְּסַלּוֹ אֵינוֹ רָעֵב כְּמִי שֶׁאֵין לוֹ פַּת בְּסַלּוֹ, אֲבָל מֵעוֹלָם לֹא הֻצְרַךְ אָדָם לְכָךְ: **וּמְלַוִּין אוֹתוֹ מִסֻּכָּה לְסֻכָּה.** שֶׁמִּירוּשָׁלַיִם וְעַד סֻכָּה רִאשׁוֹנָה מִיל, וְעֶשֶׂר סֻכּוֹת וּבֵין כָּל סֻכָּה וְסֻכָּה מִיל, הֲרֵי מִירוּשָׁלַיִם עַד סֻכָּה אַחֲרוֹנָה עֶשֶׂר מִילִין. נִשְׁאָר מִסֻּכָּה אַחֲרוֹנָה לַצּוּק ב' מִילִין, מְלַוִּין אוֹתוֹ מִיל כְּמִדַּת תְּחוּם שַׁבָּת, וְעוֹמְדִים מֵרָחוֹק וְרוֹאִין אֶת מַעֲשָׂיו:

משנה זו מתארת את הדרך של המשלח עם השעיר אל עבר הצוק שבו השליך את השעיר לעזאזל. בדרך זו היו עשר סוכות כמתואר במשנה הקודמת.

עַל כָּל סֻכָּה וְסֻכָּה אוֹמְרִים לוֹ היושבים בה: **"הֲרֵי מָזוֹן וַהֲרֵי מַיִם"** – המשלח לא היה אוכל ושותה, שכן יום הכיפורים אסור באכילה ושתייה (להלן ח, א), והיו אומרים לו שיש מים ומזון כדי להקל עליו, שיֵדע שאם מפני הדרך הארוכה יהיה זקוק להם הם מזומנים לו, וידיעה זו מרגיעה אותו.

וּמְלַוִּין אוֹתוֹ מִסֻּכָּה לְסֻכָּה, חוּץ מֵאַחֲרוֹנָה שֶׁבָּהֶן, שֶׁאֵינוֹ מַגִּיעַ עִמּוֹ אף מלווה **לַצּוּק, אֶלָּא** המלווה **עוֹמֵד מֵרָחוֹק וְרוֹאֶה אֶת מַעֲשָׂיו.** בשבת ושאר ימים טובים, אסור לאדם ללכת יותר ממיל (2000 אמה) מחוץ למקום מושבו

באותו היום, וזהו איסור יציאה מתחום שבת. בין כל סוכה לחברתה היה מרחק של מיל, כדי שבני סוכה אחת יוכלו ללוות אותו לסוכה הבאה. אולם, מהסוכה האחרונה המרחק היה גדול יותר (שני מילים), ואסור היה להם לצאת מחוץ לתחום שבת, שהוא מיל.

ו מָה הָיָה עוֹשֶׂה?
חוֹלֵק לָשׁוֹן שֶׁל זְהוֹרִית,
חֶצְיוֹ קָשַׁר בַּסֶּלַע וְחֶצְיוֹ קָשַׁר בֵּין שְׁתֵּי קַרְנָיו,
וּדְחָפוֹ לַאֲחוֹרָיו,
וְהוּא מִתְגַּלְגֵּל וְיוֹרֵד,
וְלֹא הָיָה מַגִּיעַ לַחֲצִי הָהָר,
עַד שֶׁנַּעֲשָׂה אֵבָרִים אֵבָרִים.
בָּא וְיָשַׁב לוֹ תַּחַת סֻכָּה אַחֲרוֹנָה עַד שֶׁתֶּחְשַׁךְ.

וּמֵאֵימָתַי מְטַמֵּא בְגָדִים?
מִשֶּׁיֵּצֵא חוּץ לְחוֹמַת יְרוּשָׁלַיִם.
רַבִּי שִׁמְעוֹן אוֹמֵר:
מִשְּׁעַת דְּחִיָּתוֹ לַצּוּק.

רבי עובדיה מברטנורה

חֶצְיוֹ קָשַׁר בַּסֶּלַע וְחֶצְיוֹ קָשַׁר בֵּין קַרְנָיו. לֹא הָיָה קוֹשֵׁר כָּל הַלָּשׁוֹן שֶׁל זְהוֹרִית בַּסֶּלַע, שֶׁמָּא תַּלְבִּין מִיָּד קֹדֶם דְּחִיפַת הַשָּׂעִיר, וּמִשְּׂמְחַת לִבּוּן הַלָּשׁוֹן שֶׁל זְהוֹרִית, שֶׁמַּרְאֶה שֶׁכְּבָר נִתְכַּפְּרוּ הָעֲוֹנוֹת, יִשְׁכַּח מִצְוַת הַדְּחִיפָה וִידַמֶּה שֶׁכְּבָר נִשְׁלְמָה הַמִּצְוָה, מֵאַחַר שֶׁהִלְבִּין הַלָּשׁוֹן. וְלֹא הָיָה קוֹשֵׁר כֻּלָּהּ בֵּין קַרְנָיו, שֶׁמָּא בִּשְׁעַת דְּחִיפָה יָכוֹף הַשָּׂעִיר רֹאשׁוֹ תַּחַת גּוּפוֹ כְּשֶׁיִּפֹּל לַאֲחוֹרָיו וְלֹא יוּכַל לִרְאוֹת הַלָּשׁוֹן כְּשֶׁתַּלְבִּין וְיִהְיוּ כָּל יִשְׂרָאֵל עֲצֵבִין. לְפִיכָךְ קָשַׁר חֶצְיָהּ בַּסֶּלַע, וְהִיא לֹא תַּלְבִּין לַחֲצָאִין עַד שֶׁתִּגָּמֵר מְלֶאכֶת כֻּלָּהּ. וּכְשֶׁקּוֹשֵׁר בָּאַחֲרוֹנָה חֶצְיָהּ בֵּין קַרְנָיו אַף עַל פִּי שֶׁתַּלְבִּין מִיָּד לֹא יַנִּיחַ מִלְּדָחְפוֹ, הוֹאִיל וְהוּא עָסוּק בָּהּ:
בָּא וְיָשַׁב לוֹ. חוֹזֵר עַד סֻכָּה אַחֲרוֹנָה. וְאַף עַל פִּי שֶׁהַיּוֹצֵא חוּץ לַתְּחוּם אֲפִלּוּ בִּרְשׁוּת חֲכָמִים אֵין לוֹ אֶלָּא אַלְפַּיִם אַמָּה מִמָּקוֹם שֶׁיָּצָא לְשָׁם בִּרְשׁוּת, לָזֶה הִתִּירוּ, לְפִי שֶׁיָּרֵא לַעֲמֹד בַּמִּדְבָּר מִשֶּׁתֶּחְשַׁךְ: **מְטַמֵּא בְגָדִים.** דִּכְתִיב (ויקרא טז, כו): "וְהַמְשַׁלֵּחַ אֶת הַשָּׂעִיר לַעֲזָאזֵל יְכַבֵּס בְּגָדָיו": **רַבִּי שִׁמְעוֹן אוֹמֵר כוּ'.** וְאֵין הֲלָכָה כְּרַבִּי שִׁמְעוֹן:

משנה זו ממשיכה לתאר את שילוחו של השעיר לעזאזל.

לאחר שהגיע לצוק העזאזל, **מֶה הָיָה עוֹשֶׂה** המשלח?

לעיל (ד, ב) התבאר שבזמן גורל השעירים הייתה לשון זהורית קשורה על ראש השעיר, שהיא חתיכת צמר צבועה באדום חזק, ועתה היה **חוֹלֵק לָשׁוֹן** זו **שֶׁל זְהוֹרִית, חֶצְיוֹ קָשַׁר בַּסֶּלַע וְחֶצְיוֹ קָשַׁר בֵּין שְׁתֵּי קַרְנָיו** של השעיר, **וּדְחָפוֹ** את השעיר **לַאֲחוֹרָיו** מהצוק, **וְהוּא מִתְגַּלְגֵּל וְיוֹרֵד, וְלֹא הָיָה מַגִּיעַ לַחֲצִי הָהָר עַד שֶׁנַּעֲשָׂה אֵבָרִים אֵבָרִים**, שהתפרקו איבריו.

בָּא המשלח **וְיָשַׁב לוֹ תַּחַת סֻכָּה אַחֲרוֹנָה עַד שֶׁתֶּחְשַׁךְ**, עד שיצא יום הכיפורים.

בתורה נאמר שהמשלח את השעיר לעזאזל נטמא ואף בגדיו נטמאים (ויקרא טז, כו), ונחלקו תנא קמא ורבי שמעון מתי נטמא.

וּמֵאֵימָתַי המשלח **מְטַמֵּא בְּגָדִים? מִשֶּׁיֵּצֵא** המשלח בדרכו למדבר **חוּץ לְחוֹמַת יְרוּשָׁלַיִם.**

רַבִּי שִׁמְעוֹן אוֹמֵר: המשלח נטמא רק **מִשָּׁעַת דְּחִיָּתוֹ,** דחיפתו של השעיר, **לַצּוּק.** בגמרא (סז, ב) מבואר שהמחלוקת נובעת מדרשות הפסוקים.

ז **בָּא לוֹ אֵצֶל פַּר וְשָׂעִיר הַנִּשְׂרָפִין.**
קְרָעָן וְהוֹצִיא אֶת אֵמוּרֵיהֶן,
נְתָנָן בַּמָּגִיס, וְהִקְטִירָן עַל גַּבֵּי הַמִּזְבֵּחַ.
קְלָעָן בְּמִקְלָעוֹת וְהוֹצִיאָן לְבֵית הַשְּׂרֵפָה.

וּמֵאֵימָתַי מְטַמְּאִין בְּגָדִים?
מִשֶּׁיֵּצְאוּ חוּץ לְחוֹמַת הָעֲזָרָה.
רַבִּי שִׁמְעוֹן אוֹמֵר:
מִשֶּׁיִּצַּת הָאוּר בְּרֻבָּן.

רבי עובדיה מברטנורה

בָּא לוֹ. אַחַר שֶׁמָּסַר כֹּהֵן גָּדוֹל הַשָּׂעִיר הַמִּשְׁתַּלֵּחַ לַמְשַׁלֵּחַ, בָּא לוֹ אֵצֶל פַּר וְשָׂעִיר הָעוֹמְדִים לִשָּׂרֵף, וּקְרָעָן וְהוֹצִיא אֵמוּרֵיהֶן: **וּנְתָנָם בַּמָּגִיס.** בִּקְעָרָה שֶׁל כְּלֵי שָׁרֵת: **וְהִקְטִירָם.** אִי אֶפְשָׁר לוֹמַר שֶׁהָיָה מַקְטִירָן עַכְשָׁו, דְּהָא בְּבִגְדֵי לָבָן הוּא לָבוּשׁ, וַעֲדַיִן עָלָיו לִקְרוֹת הַפָּרָשָׁה בְּבִגְדֵי לָבָן. אֶלָּא הָכִי קָאָמַר, נְתָנָם בַּמָּגִיס כְּדֵי לְהַקְטִירָן אַחַר כָּךְ, כְּשֶׁיַּגִּיעַ זְמַנָּן, לְאַחַר שֶׁיִּטְבֹּל וְיִלְבַּשׁ בִּגְדֵי זָהָב: **קְלָעָן בְּמַקְלוֹת.** כְּמִין קְלִיעָה, וּשְׁלֵמִים הֵם עִם עוֹרוֹתָם וּבְשָׂרָם וּפִרְשָׁם, אֶלָּא שֶׁנִּקְרַע כְּרֵסָם לְהוֹצִיא אֵמוּרֵיהֶן: **וְהוֹצִיאָן לְבֵית הַשְּׂרֵפָה.** חוּץ לִירוּשָׁלַיִם: **וּמֵאֵימָתַי מְטַמְּאִין בְּגָדִים.** הָעֲסוּקִין בָּהֶם, כְּדִכְתִיב (ויקרא טז, כו): "וְהַשֹּׂרֵף אֹתָם יְכַבֵּס בְּגָדָיו": **רַבִּי שִׁמְעוֹן אוֹמֵר כו'.** וְאֵין הֲלָכָה כְּרַבִּי שִׁמְעוֹן:

משנה זו ממשיכה לתאר את סדר עבודת הכוהן הגדול ביום הכיפורים לאחר שילוח השעיר למדבר.

בָּא לוֹ הכוהן הגדול **אֵצֶל פַּר וְשָׂעִיר הַנִּשְׂרָפִין** – הקרבנות שאת דמם היזה בקודש הקודשים, לפני הפרוכת ועל המזבח (כמבואר בפרק הקודם) ועתה עומדים להישרף.

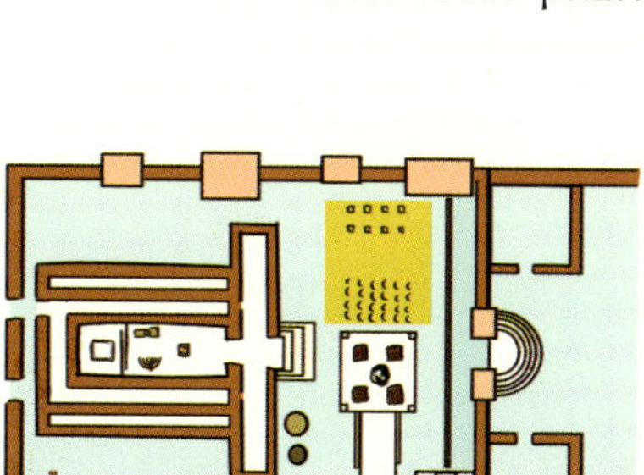

קְרָעָן קרע את בטנם **וְהוֹצִיא אֶת אֵמוּרֵיהֶן** האיברים הפנימיים המוקטרים על גבי המזבח (ראה ויקרא ג, ג-ד), **נְתָנָן בְּמָגִיס,** קערה, **וְהִקְטִירָן עַל גַּבֵּי הַמִּזְבֵּחַ** – בגמרא (סז, ב) מבואר שבשלב זה הכוהן הגדול לא הקטירם על המזבח, אלא רק הכינם לכך, שכן כעת הוא לבוש בגדי לבן, ולהקטרה הוא צריך להחליף לבגדי זהב אחר קריאת התורה (להלן ז, א).

לאחר הוצאת האימורים, **קְלָעָן** את הפר והשעיר **בְּמִקְלָעוֹת** – תלה אותם על מוטות שנשאו ארבעה כוהנים, שניים מלפנים ושניים מאחור. **וְהוֹצִיאָן לְבֵית הַשְּׂרֵפָה** – מסר אותם להישרף, במקום מחוץ לירושלים שבו היו שורפים קרבנות שמצוותם בשרפה (גמרא זבחים קד, ב).

בתורה נאמר שהשורף את הפר והשעיר נטמא ובגדיו נטמאים (ויקרא טז, כח), ונחלקו תנא קמא ורבי שמעון מתי נטמא.

וּמֵאֵימָתַי מְטַמְּאִין בְּגָדִים? מִשֶּׁיֵּצְאוּ הפר והשעיר **חוּץ לְחוֹמַת הָעֲזָרָה.**

רַבִּי שִׁמְעוֹן אוֹמֵר: השורף נטמא רק בעת השריפה ממש, **מִשֶּׁיִּצַּת הָאוּר בְּרֻבָּן** – מעת שהאש נתפסת ברוב הבשר. בגמרא (סח, א) מבואר שהמחלוקת נובעת מדרשות הפסוקים.

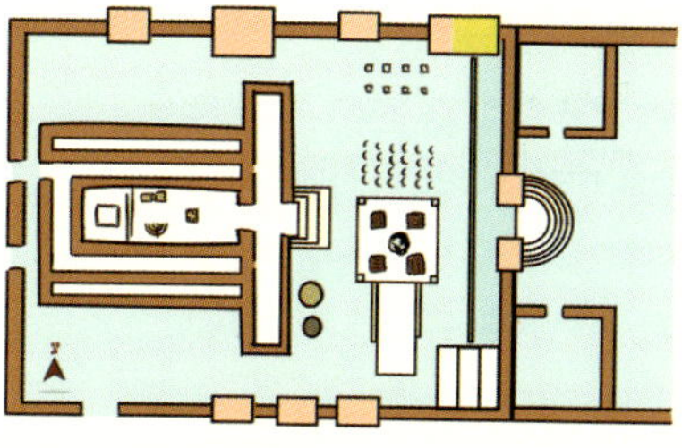

רַבִּי יִשְׁמָעֵאל אוֹמֵר: וַהֲלֹא סִימָן אַחֵר הָיָה לָהֶם! ולא היו צריכים לחשב את זמן ההליכה. **לָשׁוֹן שֶׁל זְהוֹרִית הָיָה קָשׁוּר עַל פִּתְחוֹ שֶׁל הֵיכָל** בבית המקדש, **וּכְשֶׁהִגִּיעַ שָׂעִיר לַמִּדְבָּר - הָיָה הַלָּשׁוֹן מַלְבִּין** מחליף את צבעו מאדום ללבן, ועל ידי כך ידעו שנעשתה מצוות שילוח השעיר והתקבלה ברצון ונתכפרו עוונותיהם, **שֶׁנֶּאֱמַר: "אִם יִהְיוּ חֲטָאֵיכֶם כַּשָּׁנִים"** בצבע אדום כחוט השני, **"כַּשֶּׁלֶג יַלְבִּינוּ"**, יתכפרו העוונות ויהפכו לנקיים ולבנים.
בסימן של לשון הזהורית המלבין, טמון רמז: הצמר מעיקרו לבן, אלא שנצבע באדום באופן מלאכותי, ובעת הכפרה חוזר לצבעו המקורי הלבן. כך ישראל, טהורים ונקיים מעיקרם, והחטאים הם לכלוכים חיצוניים עד ששבים בתשובה וחוזרים לטהרה הטבעית (חיבור התשובה למאירי ב, יג).

פרק שביעי

פרק זה עוסק בעבודת הכוהן הגדול שאחר שילוח השעיר לעזאזל: קריאת התורה עם הברכות בעזרת הנשים, הקרבת שאר קרבנות היום, הקטרת הקטורת שבין הערביים והדלקת המנורה. עוד מזכירים את הכניסה הנוספת לקודש הקודשים להוציא את הכף והמחתה שהשאיר שם בעבודת הקטורת, פירוט בגדי הכוהנים וסדר החלפתם בין עבודות היום.

א בָּא לוֹ כֹּהֵן גָּדוֹל לִקְרוֹת.
אִם רָצָה לִקְרוֹת בְּבִגְדֵי בוּץ - קוֹרֵא,
וְאִם לֹא - קוֹרֵא בְּאִצְטְלִית לָבָן מִשֶּׁלּוֹ.

חַזַּן הַכְּנֶסֶת נוֹטֵל סֵפֶר תּוֹרָה וְנוֹתְנוֹ לְרֹאשׁ הַכְּנֶסֶת,
וְרֹאשׁ הַכְּנֶסֶת נוֹתְנוֹ לַסְּגָן,
וְהַסְּגָן נוֹתְנוֹ לְכֹהֵן גָּדוֹל,
וְכֹהֵן גָּדוֹל עוֹמֵד וּמְקַבֵּל וְקוֹרֵא עוֹמֵד,
וְקוֹרֵא "אַחֲרֵי מוֹת" (ויקרא טז),
וְ"אַךְ בֶּעָשׂוֹר" (ויקרא כג, כו-לב).
וְגוֹלֵל סֵפֶר תּוֹרָה וּמַנִּיחוֹ בְּחֵיקוֹ, וְאוֹמֵר:
"יוֹתֵר מִמַּה שֶּׁקָּרָאתִי לִפְנֵיכֶם כָּתוּב כָּאן".
"וּבֶעָשׂוֹר" (במדבר כט, ז-יא) שֶׁבְּחוּמַּשׁ הַפְּקוּדִים קוֹרֵא עַל פֶּה.

וּמְבָרֵךְ עָלֶיהָ שְׁמוֹנֶה בְּרָכוֹת:
עַל הַתּוֹרָה, וְעַל הָעֲבוֹדָה, וְעַל הַהוֹדָאָה, וְעַל מְחִילַת הֶעָוֹן,
וְעַל הַמִּקְדָּשׁ בִּפְנֵי עַצְמוֹ, וְעַל יִשְׂרָאֵל בִּפְנֵי עַצְמָן,
וְעַל הַכֹּהֲנִים בִּפְנֵי עַצְמָן, וְעַל שְׁאָר הַתְּפִלָּה.

רבי עובדיה מברטנורה

בָּא לוֹ כֹּהֵן גָּדוֹל לִקְרוֹת פָּרָשַׁת הַיּוֹם: **בְּבִגְדֵי בוּץ.** שֶׁעָבַד בָּהֶם עֲבוֹדַת הַיּוֹם: **קוֹרֵא.** שֶׁמֻּתָּר לִלְבֹּשׁ בִּגְדֵי כְהֻנָּה אֲפִלּוּ שֶׁלֹּא בִּשְׁעַת עֲבוֹדָה, דְּבִגְדֵי כְהֻנָּה נִתְּנוּ לֵהָנוֹת בָּהֶן: **בְּאִצְטְלִית.** לְבוּשׁ עָשׂוּי כְּמִין חָלוּק לָבָן: **מִשֶּׁלּוֹ.** שֶׁקְּרִיאַת הַפָּרָשָׁה אֵינָהּ עֲבוֹדָה: **חַזַּן הַכְּנֶסֶת.** שַׁמָּשׁ: **רֹאשׁ הַכְּנֶסֶת.** עַל פִּיו נֶחְתָּכִים כָּל צָרְכֵי הַכְּנֶסֶת, מִי מַפְטִיר וּמִי פּוֹרֵס עַל שְׁמַע וּמִי עוֹבֵר לִפְנֵי הַתֵּבָה. וְנוֹתְנִים סֵפֶר תּוֹרָה מִזֶּה לָזֶה מִשּׁוּם יְקָרָא דְּכֹהֵן גָּדוֹל, לְהַרְאוֹת שֶׁיֵּשׁ שְׂרָרוֹת הַרְבֵּה לְמַטָּה מִמֶּנּוּ:
עוֹמֵד וּמְקַבֵּל. מִכְּלָל דְּעַד הָשְׁתָּא יוֹשֵׁב הֲוָה, נִמְצֵינוּ לְמֵדִים דִּבְעֶזְרַת נָשִׁים הָיָה קוֹרֵא, דְּאִי בְּעֶזְרַת יִשְׂרָאֵל, וְכָל שֶׁכֵּן בִּמְקוֹם הַמִּקְדָּשׁ יוֹתֵר מִמֶּנָּה, אָסוּר לֵישֵׁב אֶלָּא לְמַלְכֵי בֵּית דָּוִד הֻתַּר לָהֶם לֵישֵׁב בָּעֲזָרָה, דִּכְתִיב (שמואל ב ז, יח):

"וַיָּבֹא הַמֶּלֶךְ דָּוִד וַיֵּשֶׁב לִפְנֵי ה'": **וְקוֹרֵא אַחֲרֵי מוֹת וְאַךְ בֶּעָשׂוֹר.** שֶׁבְּפָרָשַׁת אֱמֹר. שֶׁמֻּתָּר לְדַלֵּג בַּתּוֹרָה בְּעִנְיָן אֶחָד כְּשֶׁהוּא קָרוֹב בִּכְדֵי שֶׁלֹּא יַפְסִיק הַתֻּרְגְּמָן. אֲבָל אִם קֹדֶם שֶׁיְּגַלֵּל סֵפֶר תּוֹרָה עַד מְקוֹם הַדִּלּוּג יַפְסִיק הַתֻּרְגְּמָן הַמְתַרְגֵּם פָּסוּק שֶׁקָּרָא הַקּוֹרֵא - אָסוּר לְדַלֵּג וְלִגְלֹל, שֶׁנִּמְצְאוּ צִבּוּר יוֹשְׁבִים וּמְצַפִּים, וְאֵין זֶה כְּבוֹד הַצִּבּוּר:

"יוֹתֵר מִמָּה שֶׁקָּרִיתִי לִפְנֵיכֶם כָּתוּב כָּאן". שֶׁלֹּא לְהוֹצִיא לַעַז עַל סֵפֶר תּוֹרָה, כְּשֶׁרוֹאִין אוֹתוֹ קוֹרֵא פָּרָשָׁה שְׁלִישִׁית עַל פֶּה יִהְיוּ סְבוּרִים שֶׁסֵּפֶר תּוֹרָה חָסֵר אוֹתָהּ פָּרָשָׁה: **וּבֶעָשׂוֹר שֶׁבְּחֻמַּשׁ הַפְּקוּדִים קוֹרֵא עַל פֶּה.** שֶׁהִיא רְחוֹקָה מִפָּרָשַׁת אַחֲרֵי מוֹת וְאַךְ בֶּעָשׂוֹר, יוֹתֵר מִכְּדֵי שֶׁיַּפְסִיק הַתֻּרְגְּמָן, לְפִיכָךְ אֵינוֹ יָכוֹל לִגְלֹל סֵפֶר תּוֹרָה עַד שָׁם, לְפִי שֶׁאֵין גּוֹלְלִים סֵפֶר תּוֹרָה בְּצִבּוּר מִפְּנֵי כְּבוֹד הַצִּבּוּר. וְסֵפֶר תּוֹרָה אַחֵר אֵינוֹ יָכוֹל לְהָבִיא מִשּׁוּם פְּגָמוֹ שֶׁל רִאשׁוֹן שֶׁלֹּא יֹאמְרוּ הָרִאשׁוֹן חָסֵר הוּא:

עַל הַתּוֹרָה. שְׁתֵּי בְּרָכוֹת, אַחַת לְפָנֶיהָ וְאַחַת לְאַחֲרֶיהָ, כְּדֶרֶךְ שֶׁמְּבָרְכִין בְּבֵית הַכְּנֶסֶת: **עַל הָעֲבוֹדָה וְעַל הַהוֹדָאָה.** רְצֵה וּמוֹדִים: **וְעַל מְחִילַת הֶעָוֹן.** סְלַח לָנוּ: **וְעַל הַמִּקְדָּשׁ.** שֶׁתִּשְׁרֶה בּוֹ שְׁכִינָה: **וְעַל הַכֹּהֲנִים.** שֶׁיִּתְבָּרְכוּ וְיִהְיוּ קָרְבְּנוֹתָם לְרָצוֹן: **וְעַל יִשְׂרָאֵל וְעַל שְׁאָר הַתְּפִלָּה.** מְפָרֵשׁ בַּגְּמָרָא (ע, א): "תְּחִנָּה, רִנָּה, בַּקָּשָׁה מִלְּפָנֶיךָ שֶׁעַמְּךָ יִשְׂרָאֵל צְרִיכִין לְהִוָּשַׁע, בָּרוּךְ אַתָּה ה' שׁוֹמֵעַ תְּפִלָּה":

משנה זו דנה בקריאת התורה שעל ידי הכוהן הגדול ביום הכיפורים.

בָּא לוֹ כֹּהֵן גָּדוֹל לעזרת הנשים **לִקְרוֹת. אִם רָצָה לִקְרוֹת בְּבִגְדֵי בוּץ,** בגדי הלבן המיוחדים לעבודת יום הכיפורים, **קוֹרֵא** בהם. **וְאִם לֹא** רצה לקרוא בבגדי הלבן, **קוֹרֵא בְּאִצְטְלִית לָבָן מִשֶּׁלּוֹ** – מין חלוק השייך לו. עבודת המקדש נעשית בבגדי קודש בלבד, אך קריאת התורה אינה נחשבת לעבודה.

חַזַּן הַכְּנֶסֶת – השמש הדואג לצורכי הציבור בבית הכנסת שבהר הבית, **נוֹטֵל סֵפֶר תּוֹרָה** מבית הכנסת **וְנוֹתְנוֹ לְרֹאשׁ הַכְּנֶסֶת** – הגבאי המחליט בענייני בית הכנסת כגון מי יהיה שליח הציבור וכדומה, **וְרֹאשׁ הַכְּנֶסֶת נוֹתְנוֹ לַסְּגָן** – ממלא מקום הכוהן הגדול, אם ייפסל או יארע לו אונס (ראה לעיל א, א). **וְהַסְּגָן נוֹתְנוֹ לְכֹהֵן גָּדוֹל.** הסיבה שהיו מעבירים את ספר התורה בין כולם היא כדי להרבות בכבודו של הכוהן הגדול, להראות שיש לו הרבה משמשים תחתיו.

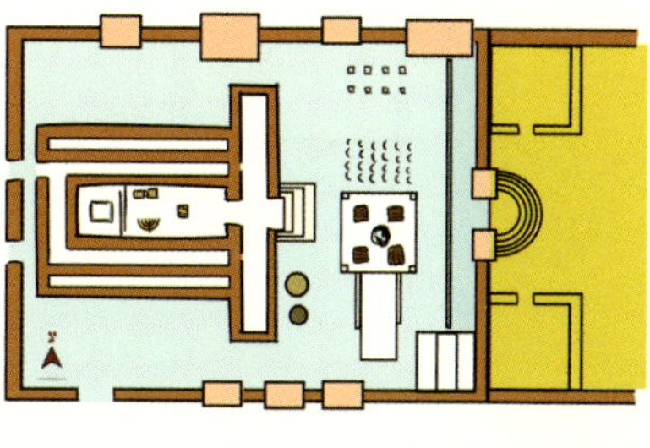

וְכֹהֵן גָּדוֹל עוֹמֵד וּמְקַבֵּל את ספר התורה מיד הסגן **וְקוֹרֵא עוֹמֵד, וְקוֹרֵא** שלוש פרשיות, שתיים מתוך הספר ואחת בעל פה:

את פסוקי עבודת יום הכיפורים קורא מתוך חומש ויקרא בפרשת **"אַחֲרֵי מוֹת". וְ"אַךְ בֶּעָשׂוֹר",** שם כתובים מצוות העינוי והשבתון ביום הכיפורים. **וְגוֹלֵל סֵפֶר תּוֹרָה וּמַנִּיחוֹ בְּחֵיקוֹ, וְאוֹמֵר** לעם שלפניו: **"יוֹתֵר מִמַּה שֶּׁקָּרָאתִי לִפְנֵיכֶם כָּתוּב כָּאן"** – שלא יחשבו שהספר פסול וחסרות בו שאר פרשיות התורה.

"וּבֶעָשׂוֹר" שֶׁבְּחוּמַּשׁ הַפְּקוּדִים, שבספר במדבר, **קוֹרֵא עַל פֶּה** – ולא מתוך הספר, כדי לא להטריח את הציבור שימתינו עד שיגללו את הספר התורה מחומש ויקרא לחומש במדבר.

וּמְבָרֵךְ עָלֶיהָ שְׁמוֹנֶה בְרָכוֹת: עַל הַתּוֹרָה – ברכות התורה שלפני הקריאה ולאחריה, כפי שמברכים בבית הכנסת, **וְעַל הָעֲבוֹדָה** – שתתקבל עבודת הקרבנות, **וְעַל הַהוֹדָאָה** – ברכת 'מודים' כנוסח שבתפילת העמידה, **וְעַל מְחִילַת הֶעָוֹן** – בקשה שיימחלו עוונותינו ברחמים, **וְעַל הַמִּקְדָּשׁ בִּפְנֵי עַצְמוֹ** – שיעמוד בבניינו ותשרה בו השכינה, **וְעַל יִשְׂרָאֵל בִּפְנֵי עַצְמָן** – שתשרה השכינה בקרב ישראל, **וְעַל הַכֹּהֲנִים בִּפְנֵי עַצְמָן** – שתתקבל עבודתם לרצון, **וְעַל שְׁאָר הַתְּפִלָּה** – שיישמעו תפילות כל ישראל בעניינים הכלליים ובעניינים הפרטיים של כל אחד ואחד (ראה רמב"ם ותפארת ישראל).

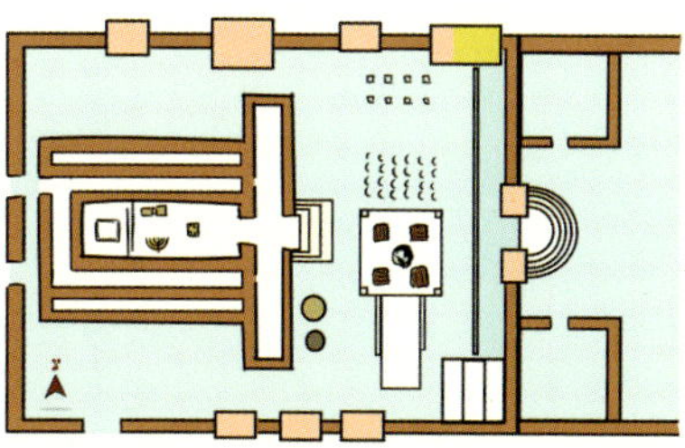

ב הָרוֹאֶה כֹּהֵן גָּדוֹל כְּשֶׁהוּא קוֹרֵא –
אֵינוֹ רוֹאֶה פַּר וְשָׂעִיר הַנִּשְׂרָפִים,
וְהָרוֹאֶה פַּר וְשָׂעִיר הַנִּשְׂרָפִים –
אֵינוֹ רוֹאֶה כֹּהֵן גָּדוֹל כְּשֶׁהוּא קוֹרֵא.

וְלֹא מִפְּנֵי שֶׁאֵינוֹ רַשַּׁאי,
אֶלָּא שֶׁהָיְתָה דֶּרֶךְ רְחוֹקָה,
וּמְלֶאכֶת שְׁנֵיהֶן שָׁוָה כְּאַחַת.

רבי עובדיה מברטנורה

לֹא מִפְּנֵי שֶׁאֵינוֹ רַשַּׁאי. דְּמַהוּ דְּתֵימָא: הָרוֹאֶה עֲבוֹדָה אַחַת אֵינוֹ רַשַּׁאי לְהַנִּיחָהּ כְּדֵי לֵילֵךְ לִרְאוֹת עֲבוֹדָה אַחֶרֶת, דְּאֵין מַעֲבִירִין עַל הַמִּצְוֹת, וּרְאִיַּת עֲבוֹדָה מִצְוָה הִיא מִשּׁוּם "בְּרָב עָם הַדְרַת מֶלֶךְ" (משלי יד, כח) - קָא מַשְׁמַע לָן דְּלָא מִתְעַבֵּר מִצְוָה הוּא, כֵּיוָן שֶׁאֵינוֹ עָסוּק בָּהּ:

במשניות הקודמות התבאר שאחר שילוח השעיר למדבר, הכוהן הכין את הפר והשעיר הנשרפים ומסרם למי שישרוף אותם מחוץ לירושלים, ומיד אחרי מסירתם, פנה הכוהן הגדול לקריאת התורה. המון העם בא לראות את הכבוד הגדול והדרת המעמד הקדוש של עבודת יום הכיפורים. המשנה מתארת שבלתי אפשרי לאדם אחד לראות את כל סדר היום.

אדם **הָרוֹאֶה כֹּהֵן גָּדוֹל כְּשֶׁהוּא קוֹרֵא** את פרשיות היום (ראה במשנה הקודמת), **אֵינוֹ רוֹאֶה פַּר וְשָׂעִיר הַנִּשְׂרָפִים** בבית השריפה מחוץ לירושלים.

וְהָרוֹאֶה פַּר וְשָׂעִיר הַנִּשְׂרָפִים, אֵינוֹ רוֹאֶה כֹּהֵן גָּדוֹל כְּשֶׁהוּא קוֹרֵא. וְלֹא מִפְּנֵי שֶׁאֵינוֹ רַשַּׁאי – אין איסור לראות את שני המעמדות האלו, **אֶלָּא שֶׁהָיְתָה דֶּרֶךְ רְחוֹקָה** ביניהם, שכן השריפה הייתה מחוץ לירושלים, **וּמְלֶאכֶת שְׁנֵיהֶן שָׁוָה כְּאַחַת** – נעשתה בזמן אחד.

ג אִם בְּבִגְדֵי בוּץ קוֹרֵא –
קִדֵּשׁ יָדָיו וְרַגְלָיו,
פָּשַׁט יָרַד וְטָבַל, עָלָה וְנִסְתַּפַּג.
הֵבִיאוּ לוֹ בִּגְדֵי זָהָב,
וְלָבַשׁ וְקִדֵּשׁ יָדָיו וְרַגְלָיו.

"וְיָצָא וְעָשָׂה אֶת אֵילוֹ וְאֶת אֵיל הָעָם" (ויקרא טז, כד),
וְאֶת שִׁבְעַת כְּבָשִׂים תְּמִימִים בְּנֵי שָׁנָה,
דִּבְרֵי רַבִּי אֱלִיעֶזֶר.
רַבִּי עֲקִיבָא אוֹמֵר:
עִם תָּמִיד שֶׁל שַׁחַר הָיוּ קְרֵבִין, וּפַר הָעוֹלָה,
וְשָׂעִיר הַנַּעֲשֶׂה בַחוּץ,
הָיוּ קְרֵבִין עִם תָּמִיד שֶׁל בֵּין הָעַרְבַּיִם.

רבי עובדיה מברטנורה

אֵילוֹ וְאֵיל הָעָם. טַעֲמָא דְּרַבִּי אֱלִיעֶזֶר, מִשּׁוּם דְּ**אֵילוֹ וְאֵיל הָעָם** וְאֵמוּרֵי חַטָּאת וְהוֹצָאַת כַּף וּמַחְתָּה - כָּל הָנֵי דִּכְתִיבֵי בְּרֵישָׁא בְּתוֹרַת כֹּהֲנִים בְּפָרָשַׁת הַיּוֹם עָבֵיד לְהוּ בְּרֵישָׁא, וַהֲדַר עָבֵיד מוּסָפִין: **פַּר הָעוֹלָה וְשִׁבְעָה כְּבָשִׂים וְשָׂעִיר הַנַּעֲשֶׂה בַחוּץ**, כֻּלָּן עִם תָּמִיד שֶׁל בֵּין הָעַרְבַּיִם דִּכְתִיב לְבַסּוֹף, בְּחֻמַּשׁ הַפְּקוּדִים:

וְרַבִּי עֲקִיבָא אוֹמֵר: פַּר הָעוֹלָה וְשִׁבְעָה כְּבָשִׂים שֶׁל מוּסָפִין: **עִם תָּמִיד שֶׁל שַׁחַר הָיוּ קְרֵבִין.** דִּכְתִיב (במדבר כח, כג): "מִלְּבַד עֹלַת הַבֹּקֶר אֲשֶׁר לְעֹלַת הַתָּמִיד" וְגוֹ', אַלְמָא מוּסָפִין עִם עוֹלַת הַבֹּקֶר נַעֲשִׂים בְּסָמוּךְ לָהּ, וְאַחַר כָּךְ עֲבוֹדַת הַיּוֹם, וְאַחַר כָּךְ **שָׂעִיר הַנַּעֲשֶׂה בַחוּץ**, וְאַף עַל פִּי שֶׁהוּא מִן הַמּוּסָפִין - אֵינוֹ יָכוֹל לְהַקְדִּים לַעֲבוֹדַת הַיּוֹם, לְפִי שֶׁנֶּאֱמַר בּוֹ (שם כט, יא): "מִלְּבַד חַטַּאת הַכִּפֻּרִים", לָמַדְנוּ שֶׁשָּׂעִיר הַפְּנִימִי שֶׁהוּא מֵעֲבוֹדַת הַיּוֹם קוֹדְמוֹ, וְאַחַר כָּךְ **אֵילוֹ וְאֵיל הָעָם**, וְאַחַר כָּךְ אֵמוּרֵי חַטָּאת - כָּל אֵלּוּ בִּטְבִילָה שְׁלִישִׁית. וְאַחַר כָּךְ הוֹצָאַת כַּף וּמַחְתָּה, וְאַחַר כָּךְ **תָּמִיד שֶׁל בֵּין הָעַרְבַּיִם**. וַהֲלָכָה כְּרַבִּי עֲקִיבָא:

משנה זו מתארת את המשך עבודת היום של הכוהן הגדול: ההחלפה מבגדי לבן לבגדי זהב והקרבת אילים לעולה.

אִם בְּבִגְדֵי בוּץ הלבנים **קוֹרֵא** את פרשיות היום, צריך להחליף עתה לבגדי זהב ולטבול. **קִדֵּשׁ יָדָיו וְרַגְלָיו** – נטל ידיו ורגליו במים, **פָּשַׁט** את בגדי הלבן **יָרַד וְטָבַל** במקווה שבלשכת בית הפרווה, **עָלָה** מן המים **וְנִסְתַּפֵּג** התנגב.

הֵבִיאוּ לוֹ לכוהן הגדול **בִּגְדֵי זָהָב, וְלָבַשׁ** אותם **וְקִדֵּשׁ יָדָיו וְרַגְלָיו.**

וְיָצָא וְעָשָׂה אֶת אֵילוֹ וְאֶת אֵיל הָעָם קרבנות העולה, **וְאֶת שִׁבְעַת כְּבָשִׂים תְּמִימִים בְּנֵי שָׁנָה,** קרבנות מוסף לעולה המיוחדים ליום הכיפורים, **דִּבְרֵי רַבִּי אֱלִיעֶזֶר.**

רַבִּי עֲקִיבָא אוֹמֵר: לא היה מקריב בשלב זה את שבעת כבשי המוסף, אלא **עִם תָּמִיד שֶׁל שַׁחַר הָיוּ קְרֵבִין,** בתחילת עבודת היום, **וּפַר הָעוֹלָה** של מוסף, **וְשָׂעִיר** חטאת **הַנַּעֲשֶׂה בַחוּץ, הָיוּ קְרֵבִין עִם תָּמִיד שֶׁל בֵּין הָעַרְבַּיִם.**

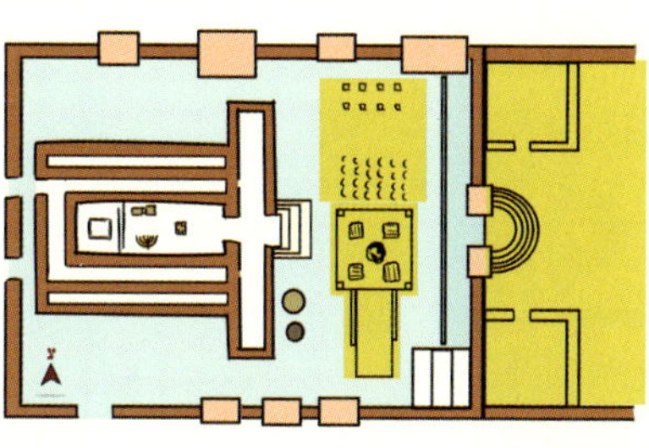

ד קִדֵּשׁ יָדָיו וְרַגְלָיו וּפָשַׁט,
וְיָרַד וְטָבַל וְעָלָה וְנִסְתַּפֵּג.
הֵבִיאוּ לוֹ בִּגְדֵי לָבָן,
וְלָבַשׁ, וְקִדֵּשׁ יָדָיו וְרַגְלָיו.
נִכְנַס לְהוֹצִיא אֶת הַכַּף וְאֶת הַמַּחְתָּה.

קִדֵּשׁ יָדָיו וְרַגְלָיו וּפָשַׁט,
וְיָרַד וְטָבַל, עָלָה וְנִסְתַּפֵּג.
הֵבִיאוּ לוֹ בִּגְדֵי זָהָב,
וְלָבַשׁ, וְקִדֵּשׁ יָדָיו וְרַגְלָיו,
וְנִכְנַס לְהַקְטִיר קְטֹרֶת שֶׁל בֵּין הָעַרְבַּיִם,
וּלְהֵיטִיב אֶת הַנֵּרוֹת.

וְקִדֵּשׁ יָדָיו וְרַגְלָיו וּפָשַׁט,
הֵבִיאוּ לוֹ בִּגְדֵי עַצְמוֹ, וְלָבַשׁ.
וּמְלַוִּין אוֹתוֹ עַד בֵּיתוֹ.
וְיוֹם טוֹב הָיָה עוֹשֶׂה לְאוֹהֲבָיו,
בְּשָׁעָה שֶׁיָּצָא בְשָׁלוֹם מִן הַקֹּדֶשׁ.

רבי עובדיה מברטנורה

וּלְהֵטִיב אֶת הַנֵּרוֹת. הֲטָבָה זוֹ, הַדְלָקָה הִיא:

משנה זו מתארת את כניסת הכוהן הגדול לקודש הקדשים להוציא את הכף והמחתה שהשאיר שם ואת המשך עבודות היום עד צאת יום הכפורים, אז היה עושה יום טוב לאוהביו.

קִדֵּשׁ נטל הכוהן הגדול את **יָדָיו וְרַגְלָיו** במים **וּפָשַׁט** את בגדי הזהב שעליו, **וְיָרַד וְטָבַל** במקווה שבלשכת בית הפרווה, **עָלָה** מן המים **וְנִסְתַּפֵּג**, התנגב. **הֵבִיאוּ**

לוֹ בִּגְדֵי לָבָן וְלָבַשׁ אותם, **וְקִדֵּשׁ יָדָיו וְרַגְלָיו. נִכְנַס** לקודש הקודשים **לְהוֹצִיא אֶת הַכַּף וְאֶת הַמַּחְתָּה,** שהשאיר כשנכנס להקטיר את הקטורת שם.

קִדֵּשׁ יָדָיו וְרַגְלָיו וּפָשַׁט, וְיָרַד וְטָבַל, עָלָה וְנִסְתַּפֵּג. הֵבִיאוּ לוֹ בִּגְדֵי זָהָב, וְלָבַשׁ, וְקִדֵּשׁ יָדָיו וְרַגְלָיו, וְנִכְנַס להיכל **לְהַקְטִיר קְטֹרֶת שֶׁל בֵּין הָעַרְבַּיִם** על מזבח הזהב, **וּלְהֵיטִיב** להדליק **אֶת הַנֵּרוֹת** במנורה. הדלקת המנורה היא העבודה האחרונה מעבודות היום, ובזה תם סדר יום הכיפורים.

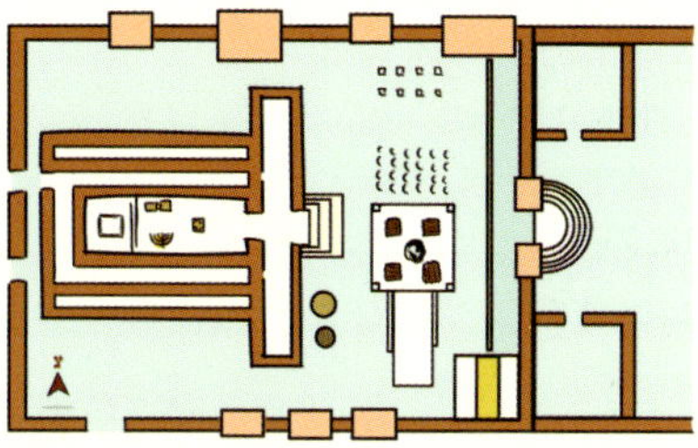

וְקִדֵּשׁ יָדָיו וְרַגְלָיו וּפָשַׁט את בגדי הזהב, **הֵבִיאוּ לוֹ בִגְדֵי עַצְמוֹ**, בגדי חול שלו, **וְלָבַשׁ. וּמְלַוִּין אוֹתוֹ** המון העם **עַד בֵּיתוֹ. וְיוֹם טוֹב** בסעודה ומשתה **הָיָה עוֹשֶׂה לְאוֹהֲבָיו** במוצאי יום הכיפורים **בְּשָׁעָה שֶׁיָּצָא בְשָׁלוֹם מִן הַקֹּדֶשׁ** – כיוון שהכוהן הגדול נכנס למקום המקודש ביותר, קודש הקודשים, הוא

מסתכן במיתה אם לא יעשה את עבודתו כהוגן, וכשהיה יוצא בשלום ללא פגע, היה חוגג עם אוהביו. יש אומרים שהכוהן הגדול היה מכין מערב יום הכיפורים אוכל ושתייה לרוב, מתוך ביטחון בה' שיֵצא בשלום (מאירי).

ה כֹּהֵן גָּדוֹל מְשַׁמֵּשׁ בִּשְׁמוֹנָה כֵלִים,
וְהַהֶדְיוֹט בְּאַרְבָּעָה:
בִּכְתֹנֶת וּמִכְנְסַיִם וּמִצְנֶפֶת וְאַבְנֵט.
מוֹסִיף עָלָיו כֹּהֵן גָּדוֹל:
חֹשֶׁן וְאֵפוֹד וּמְעִיל וָצִיץ.

בְּאֵלּוּ נִשְׁאָלִין בְּאוּרִים וְתֻמִּים.
וְאֵין נִשְׁאָלִין אֶלָּא לַמֶּלֶךְ וּלְבֵית דִּין,
וּלְמִי שֶׁהַצִּבּוּר צָרִיךְ בּוֹ.

רבי עובדיה מברטנורה

בְּאֵלּוּ נִשְׁאָלִים. כֹּהֵן הַנִּשְׁאָל **בְּאוּרִים וְתֻמִּים** צָרִיךְ לִלְבֹּשׁ **שְׁמוֹנָה** בְּגָדִים. וְכֵיצַד שׁוֹאֲלִים בְּאוּרִים וְתֻמִּים? הַשּׁוֹאֵל - פָּנָיו אֲחוֹרֵי הַכֹּהֵן הַנִּשְׁאָל, וְהַנִּשְׁאָל פָּנָיו כְּלַפֵּי הָאָרוֹן. וְהַשּׁוֹאֵל אוֹמֵר: "הַאֶעֱשֶׂה דָּבָר פְּלוֹנִי אוֹ לֹא אֶעֱשֶׂה?". וְאֵינוֹ שׁוֹאֵל בְּקוֹל רָם וְלֹא מְהַרְהֵר בְּלִבּוֹ, אֶלָּא בְּקוֹל נָמוּךְ. וְרוּחַ הַקֹּדֶשׁ לוֹבֶשֶׁת אֶת הַכֹּהֵן וּמַבִּיט בַּחֹשֶׁן. וְרוֹאֶה אוֹתִיּוֹת בּוֹלְטוֹת בַּחֹשֶׁן כְּנֶגֶד פָּנָיו: עֲשֵׂה כָּךְ אוֹ לֹא תַעֲשֶׂה כָּךְ. לְפִי שֶׁהָיוּ כְּתוּבִים עַל אַבְנֵי הַחֹשֶׁן שְׁמוֹת שֶׁל י"ב שְׁבָטִים וְאַבְרָהָם יִצְחָק וְיַעֲקֹב וְשִׁבְטֵי יָהּ, נִמְצֵאת כָּל הָאַלְפָּא בֵּיתָא שָׁם. וְרוּחַ הַקֹּדֶשׁ הָיְתָה מוֹדִיעָה לַכֹּהֵן אֵיךְ יְצָרֵף הָאוֹתִיּוֹת הַבּוֹלְטוֹת זוֹ עִם זוֹ, עַד שֶׁיָּבִין מַשְׁמָעוּתָן שֶׁל הַדְּבָרִים: **אֶלָּא לַמֶּלֶךְ וְכוּ'.** דִּכְתִיב (במדבר כז, כא): "וְלִפְנֵי אֶלְעָזָר הַכֹּהֵן יַעֲמֹד" וְגוֹ', "הוּא" - זֶה **מֶלֶךְ.** "וְכָל בְּנֵי יִשְׂרָאֵל אִתּוֹ", מִי שֶׁכָּל בְּנֵי יִשְׂרָאֵל אִתּוֹ לָצֵאת לַמִּלְחָמָה אַחֲרָיו - זֶה מְשׁוּחַ מִלְחָמָה, דְּהַיְנוּ **לְמִי שֶׁצֹּרֶךְ הַצִּבּוּר בּוֹ.** "וְכָל הָעֵדָה" - אֵלּוּ סַנְהֶדְרֵי גְּדוֹלָה:

משנה זו מונה את בגדי הכהונה לכוהן גדול ולכוהן הדיוט, ומבארת את התנאים הנצרכים כדי לשאול באורים ותומים. האורים ותומים הם החושן הנתון על לב הכוהן הגדול, והיו שואלים על ידם מאת ה', ומקבלים תשובה ברוח הקודש על ידי בליטת האותיות שעל אבני החושן, שהצטרפו למשמעות מילים, ויש אומרים שבליטת האותיות הייתה במראה נבואי (רמב"ם כלי המקדש י, יא).

כֹּהֵן גָּדוֹל מְשַׁמֵּשׁ בִּשְׁמוֹנָה כֵּלִים בגדים, **וְהַהֶדְיוֹט בְּאַרְבָּעָה** בגדים בלבד מתוך השמונה, ואלו הם: **בִּכְתֹנֶת וּמִכְנְסַיִם וּמִצְנֶפֶת וְאַבְנֵט.**

מוֹסִיף עָלָיו כֹּהֵן גָּדוֹל: חֹשֶׁן וְאֵפוֹד וּמְעִיל וָצִיץ.

על ידי כוהן גדול הלבוש **בְּאֵלּוּ נִשְׁאָלִין בְּאוּרִים וְתֻמִּים. וְאֵין נִשְׁאָלִין אֶלָּא לַמֶּלֶךְ וּלְבֵית דִּין, וּלְמִי שֶׁהַצִּבּוּר צָרִיךְ בּוֹ** – כלומר, השואל צריך להיות מלך, מן הסנהדרין או אדם גדול שהציבור צריך לו. סדר השאלה באורים ותומים היה כך: השואל (כגון המלך) עומד ופניו כלפי גבו של הכוהן ושניהם פונים לכיוון המערב. השואל שואל את שאלתו בקול נמוך כאדם המתפלל, והכוהן רואה את תשובת ה' ברוח הקודש על ידי בליטת האותיות.

סדר העבודה ביום הכיפורים

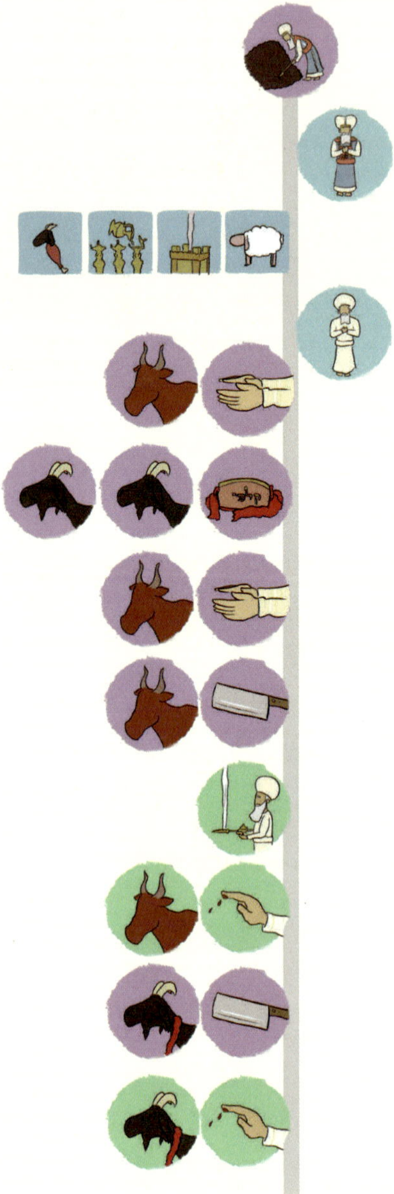

תרומת הדשן מעל מזבח החיצון

א. לבישת בגדי זהב

עבודות השחר היומיומיות (תמיד של שחר, הטבת הנרות, הקטרת קטורת, מנחת כוהן גדול) וכן הקרבת פר העולה ושבעה כבשים למוספי יום הכפורים

ב. לבישת בגדי לבן

וידוי 1 על פר כוהן גדול (לכפר עליו ועל בני ביתו)

הטלת הגורל על השעירים

וידוי 2 על פר כוהן גדול (לכפר עליו ועל בני ביתו ועל שאר הכוהנים)

שחיטת הפר

כניסה 1 לקודש הקודשים והקטרת הקטורת לפני ולפנים

כניסה 2 לקודש הקודשים והזאת דם הפר

שחיטת שעיר החטאת לה'

כניסה 3 לקודש הקדשים והזאת דם השעיר

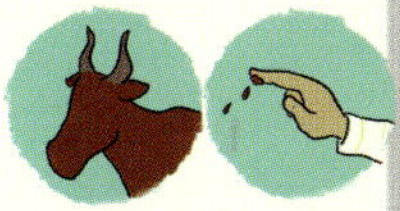

הזאת דם הפר על הפרוכת

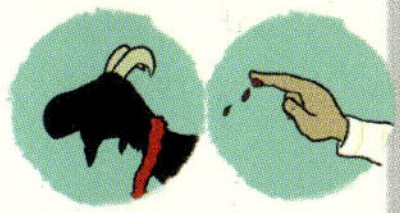

הזאת דם השעיר על הפרוכת

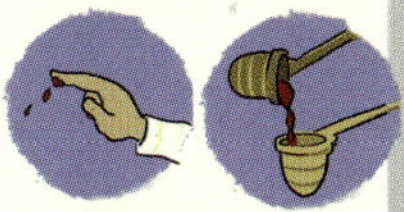

עירוב דם הפר והשעיר והזאה על מזבח הזהב

וידוי על השעיר לעזאזל ושילוחו למדבר

הוצאת האימורים של הפר והשעיר, והוצאת בשרם לבית השרפה

קריאת התורה

ג. לבישת בגדי זהב

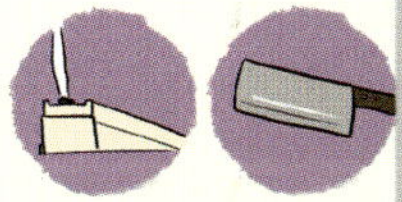

שחיטת קרבנות היום הנוספים והקטרת אמורי הפר והשעיר

ד. לבישת בגדי לבן

כניסה 4 לקודש הקודשים להוציא את הכף והמחתה

ה. לבישת בגדי זהב

עבודות בין הערביים היומיומיות (תמיד של בין הערביים, קטורת והדלקת המנורה)

פרק שמיני

ביום הכיפורים, נוסף לאיסור עשיית מלאכה, ישנה מצווה להתענות, שנאמר (ויקרא טז, לא): "ועיניתם את נפשותיכם". וחכמים למדו שמצוות העינוי מונה חמישה איסורים: צום מאכילה ושתייה, רחיצת הגוף, סיכת הגוף בשמן, נעילת סנדל ותשמיש המיטה. פרק זה עוסק בדיני העינוי של יום הכיפורים, ובהמשך דנים בפיקוח נפש שדוחה את יום הכיפורים ובענייני התשובה והתפילות של יום זה, שכן עיקרו של הצום הוא שנתקן את מעשינו ונשוב בתשובה (רמב"ם הלכות תעניות ד, ב).

א **יוֹם הַכִּפּוּרִים אָסוּר בַּאֲכִילָה וּבִשְׁתִיָּה,**
וּבִרְחִיצָה וּבְסִיכָה,
וּבִנְעִילַת הַסַּנְדָּל וּבְתַשְׁמִישׁ הַמִּטָּה.

וְהַמֶּלֶךְ וְהַכַּלָּה יִרְחֲצוּ אֶת פְּנֵיהֶם,
וְהַחַיָּה תִּנְעֹל אֶת הַסַּנְדָּל, דִּבְרֵי רַבִּי אֱלִיעֶזֶר;
וַחֲכָמִים אוֹסְרִין.

רבי עובדיה מברטנורה

יוֹם הַכִּפּוּרִים אָסוּר בַּאֲכִילָה וּבִשְׁתִיָּה. אַף עַל גַּב דְּבַאֲכִילָה וּשְׁתִיָּה עָנוּשׁ כָּרֵת, מִשּׁוּם דְּבָעֵי לְמִתְנֵי שְׁאָר עִנּוּיִין דְּלֵית בְּהוּ כָּרֵת – תָּנָא **אָסוּר**. וְהָנֵי חֲמִשָּׁה עִנּוּיִין כְּנֶגֶד חֲמִשָּׁה עִנּוּיִין הַכְּתוּבִים בַּתּוֹרָה, דְּ"שַׁבַּת שַׁבָּתוֹן" דֶּ"אֱמוֹר אֶל הַכֹּהֲנִים" (ויקרא כג, ג), וְ"שַׁבַּת שַׁבָּתוֹן" דְּ"אַחֲרֵי מוֹת" (שם טז, לא), וְ"בֶעָשׂוֹר לַחֹדֶשׁ" דְּחוּמַשׁ הַפְּקוּדִים (במדבר כט, ז), וְ"אַךְ בֶּעָשׂוֹר לַחֹדֶשׁ" דֶּ"אֱמוֹר אֶל הַכֹּהֲנִים" (ויקרא כג, כז), "וְהָיְתָה זֹּאת לָכֶם לְחֻקַּת עוֹלָם" דְּאַחֲרֵי מוֹת (ויקרא טז, לד), בְּכֻלְּהוּ כְּתִיב: "תְּעַנּוּ", "וְעִנִּיתֶם". וְהָנֵי דְּמַתְנִיתִין נָמֵי – חֲמִשָּׁה עִנּוּיִין נִינְהוּ, דִּ**שְׁתִיָּה וַאֲכִילָה** – אַחַת הֵן:

הַמֶּלֶךְ צָרִיךְ שֶׁיִּתְרָאֶה נָאֶה דִּכְתִיב (ישעיה לג, יז): "מֶלֶךְ בְּיָפְיוֹ תֶּחֱזֶינָה עֵינֶיךָ": **וְהַכַּלָּה** צְרִיכָה נוֹי, כְּדֵי לְחַבְּבָהּ עַל בַּעְלָהּ. וְכָל שְׁלֹשִׁים יוֹם – קְרוּיָה כַּלָּה: **וְהַחַיָּה.** יוֹלֶדֶת: **תִּנְעוֹל** מִפְּנֵי הַצִּנָּה: **דִּבְרֵי רַבִּי אֱלִיעֶזֶר.** אַכֻּלְּהוּ קָאֵי: אַמֶּלֶךְ וְכַלָּה וְחַיָּה. וַהֲלָכָה כְּרַבִּי אֱלִיעֶזֶר:

משנה זו דנה במצוות העינוי ביום הכיפורים, הכוללת חמישה איסורים.

יוֹם הַכִּפּוּרִים אָסוּר בחמישה איסורים: **בַּאֲכִילָה וּבִשְׁתִיָּה, וּבִרְחִיצָה** במים **וּבְסִיכָה** בשמן, **וּבִנְעִילַת הַסַּנְדָּל וּבְתַשְׁמִישׁ הַמִּטָּה.**

וְהַמֶּלֶךְ וְהַכַּלָּה שבתוך שלושים יום שאחר נישואיה **יִרְחֲצוּ אֶת פְּנֵיהֶם** – חכמים התירו לאלו היתר מיוחד לרחוץ את פניהם: המלך צריך להיראות ביופיו בפני העם משום כבוד המלכות, והכלה צריכה להיראות יפה בפני בעלה ולהתחבב עליו.

וְהַחַיָּה, יולדת שבתוך שלושים יום שאחר הלידה, **תִּנְעֹל אֶת הַסַּנְדָּל, דִּבְרֵי רַבִּי אֱלִיעֶזֶר**, שאם תלך יחפה – הקור יפגע בבריאותה, **וַחֲכָמִים אוֹסְרִין** רחיצה למלך וכלה, ונעילת הסנדל ליולדת.

ב **הָאוֹכֵל כְּכוֹתֶבֶת הַגַּסָּה כָּמוֹהָ וּכְגַרְעִינָתָהּ,**
וְהַשּׁוֹתֶה מְלֹא לֻגְמָיו – חַיָּב.

כָּל הָאֳכָלִין מִצְטָרְפִין לְכַכּוֹתֶבֶת,
וְכָל הַמַּשְׁקִין מִצְטָרְפִין לִמְלֹא לֻגְמָיו.
הָאוֹכֵל וְשׁוֹתֶה – אֵין מִצְטָרְפִין.

רבי עובדיה מברטנורה

כְּכוֹתֶבֶת. תְּמָרָה **גַּסָּה.** וְהִיא פָּחוֹת מִכַּבֵּיצָה. וְאַף עַל גַּב דְּכָל שִׁעוּרֵי אֲכִילָה בְּכַזַּיִת, הַיְנוּ מִשּׁוּם דִּכְתִיב בְּהוּ 'אֲכִילָה', אֲבָל הָכָא דְּלָא כְּתִיב אֶלָּא (ויקרא כג, כט): "אֲשֶׁר לֹא תְעֻנֶּה" - גְּמִירִי דְּבְבָצִיר מִכְּכוֹתֶבֶת לָא מִיַּתְבָא דַּעְתֵּיהּ [=דעתו מתיישבת], וְהָוֵי מְעֻנֶּה. וּמִיהוּ, קָיְמָא לָן דַּחֲצִי שִׁעוּר אָסוּר מִן הַתּוֹרָה (יומא עד, א), אֶלָּא שֶׁאֵין חַיָּבִין כָּרֵת וְלֹא לוֹקִין אֶלָּא עַל כַּשִּׁעוּר: **כִּמְלֹא לֻגְמָיו.** כָּל שֶׁאִלּוּ יְסַלְּקֶנּוּ לְצַד אֶחָד יְהְיֶה אוֹתוֹ הַצַּד בּוֹלֵט וְנִרְאֶה – נִקְרָא **מְלֹא לֻגְמָיו.** וְשִׁעוּר זֶה בְּאָדָם בֵּינוֹנִי הוּא פָּחוֹת מֵרְבִיעִית:

חכמים אמדו שכמות האכילה או השתייה שעליה מתחייבים ביום הכיפורים צריכה להיות כזו שמיישבת את דעתו, ובכך פוגעת בעינוי שציוותה התורה. משנה זו דנה בכמויות אלו.

הָאוֹכֵל ביום הכיפורים מאכל **כְּכוֹתֶבֶת הַגַּסָּה** תמר גדול **כָּמוֹהָ וּכְגַרְעִינָתָהּ** – בשיעור נפח של תמר עם הגרעין שבו, שהוא שיעור הפחות במעט מכביצה (כ-50 סמ"ק), **וְהַשּׁוֹתֶה** משקה **מְלֹא לֻגְמָיו**, בשיעור חלל הפה, שאם יסלק את המשקה ללחי שבצד אחד, אותו צד יֵראה מלא, **חַיָּב**, שחכמים אמדו שכמויות אלו מרגיעות את האדם מקושי העינוי, ועובר על מה שכתוב בתורה (ויקרא כג, כט): "כל הנפש אשר לא תעונה בעצם היום הזה ונכרתה מעמיה".

ישנו הבדל משמעותי בין שיעור הכותבת לשיעור השתייה כמלוא לוגמיו. הכותבת היא כמות קבועה ושווה לכל אדם, ואילו השתייה כמלוא לוגמיו תלויה בגודלו של האדם, וכל אחד משער זאת בעצמו ולפי גופו.

כָּל הָאֳכָלִין, למרות שהם ממינים שונים, **מִצְטָרְפִין לְכַכּוֹתֶבֶת**, שאם אוכל מכמה סוגים עד שהשלים כמות ככותבת, הכול מצטרף וחייב. **וְכָל הַמַּשְׁקִין מִצְטָרְפִין לִמְלֹא לֻגְמָיו.**

הָאוֹכֵל מאכל **וְשׁוֹתֶה** משקה **אֵין מִצְטָרְפִין** בכמות שלהם, והאוכל ושותה פטור עד שיאכל כשיעור כותבת, או ישתה כמלוא לוגמיו.

ג **אָכַל וְשָׁתָה בְּהֶעְלֵם אֶחָד –**
אֵינוֹ חַיָּב אֶלָּא חַטָּאת אַחַת.
אָכַל וְעָשָׂה מְלָאכָה –
חַיָּב שְׁתֵּי חַטָּאוֹת.

אָכַל אֳכָלִין שֶׁאֵינָן רְאוּיִין לַאֲכִילָה,
וְשָׁתָה מַשְׁקִין שֶׁאֵינָן רְאוּיִין לִשְׁתִיָּה,
וְשָׁתָה צִיר אוֹ מֻרְיָס – פָּטוּר.

רבי עובדיה מברטנורה

אֵינוֹ חַיָּב אֶלָּא חַטָּאת אֶחָד. דְּמֵחַד קְרָא נָפְקֵי אֲכִילָה וּשְׁתִיָּה, וְחַד שְׁמָא הוּא: **אָכַל וְעָשָׂה מְלָאכָה.** מִתְּרֵי קְרָאֵי נָפְקֵי, וּתְרֵי שֵׁמוֹת נִינְהוּ:

משנה זו עוסקת בכמה אופנים שהאוכל והשותה ביום הכיפורים חייב או פטור. השוגג באיסור האכילה או השתייה מביא חטאת, והשגגה נקראת "הֶעְלֵם", כי נעלם מדעתו שהדבר אסור, או שלא היה בדעתו שהיום הוא יום הכיפורים.

אָכַל וְשָׁתָה בכמויות שמתחייב עליהן, **בְּהֶעְלֵם אֶחָד**, בחוסר ידיעה שהדבר אסור ביום זה, ונזכר או נודע לו רק לאחר האכילה והשתייה, **אֵינוֹ חַיָּב אֶלָּא חַטָּאת אַחַת** – על שעבר על מצוות התורה: "ועיניתם את נפשותיכם", ומאיסור זה נלמדו כאחד גם אכילה וגם שתייה.

אָכַל וְעָשָׂה מְלָאכָה, בחוסר ידיעה שהדברים אסורים ביום זה, **חַיָּב שְׁתֵּי חַטָּאוֹת** – שכן איסור מלאכה ואיסור אכילה נלמדו משני פסוקים שונים, וחיוביהם נפרדים זה מזה.

אָכַל אֳכָלִין שֶׁאֵינָן רְאוּיִין לַאֲכִילָה, כגון עשבים מרים, **וְשָׁתָה מַשְׁקִין שֶׁאֵינָן רְאוּיִין לִשְׁתִיָּה**, כגון תה מר מאוד, **וְשָׁתָה צִיר**, מים היוצאים מן הדג כשמולחים אותו, **אוֹ מֻרְיָס**, שמן היוצא מן הדג כשמולחים אותו, **פָּטוּר** –

שכן אין באכילה ושתייה אלו יישוב הדעת, ולא התבטל העינוי של יום הכיפורים.

ד הַתִּינוֹקוֹת –
אֵין מְעַנִּין אוֹתָן בְּיוֹם הַכִּפּוּרִים,
אֲבָל מְחַנְּכִין אוֹתָם לִפְנֵי שָׁנָה וְלִפְנֵי שְׁנָתַיִם,
בִּשְׁבִיל שֶׁיִּהְיוּ רְגִילִין בַּמִּצְוֹת.

רבי עובדיה מברטנורה

אֵין מְעַנִּין אוֹתָם. אֵין חַיָּבִין לִמְנֹעַ מֵהֶן מַאֲכָל: **מְחַנְּכִין אוֹתָן** לְשָׁעוֹת. הָיָה רָגִיל לֶאֱכֹל בְּאַרְבַּע שָׁעוֹת – מַאֲכִילִין אוֹתוֹ בְּחָמֵשׁ אוֹ בְּשֵׁשׁ, כְּפִי כֹּחַ הַבֵּן: **קֹדֶם לְשָׁנָה.** שָׁנָה אַחַת קֹדֶם לְפִרְקוֹ, אִם הַתִּינוֹק חוֹלֶה וְתַשׁ כֹּחוֹ וְאֵינוֹ יָכוֹל לִסְבֹּל: **וְקֹדֶם לִשְׁתַּיִם.** אוֹ שְׁתֵּי שָׁנִים קֹדֶם פִּרְקוֹ, אִם הַתִּינוֹק בָּרִיא. וּפִרְקָן הָוֵי: הַתִּינוֹקֶת – בַּת שְׁתֵּים עֶשְׂרֵה שָׁנָה וְיוֹם אֶחָד, שֶׁאֵין דַּרְכָּהּ לְהָבִיא סִימָנִים עַד זְמַן זֶה וְאָז הִיא בַּת עֳנָשִׁין. וּפִרְקוֹ שֶׁל תִּינוֹק הָוֵי – בֶּן שְׁלֹשׁ עֶשְׂרֵה שָׁנָה וְיוֹם אֶחָד, וְקֹדֶם זֶה – אֵינוֹ בַּר עֳנָשִׁין:

חיוב המצוות מן הדין מתחיל לבן זכר מגיל 13 ולנקבה מגיל 12. אולם, חכמים ציוו לחנך את הקטנים במצוות קודם שיגיעו לגיל זה, והחינוך מתחיל לפי יכולת הילד וכוחו לקיים את המצווה כתקנה. משנה זו מבארת את דין חינוך הקטנים למצוות העינוי ביום הכיפורים.

הַתִּינוֹקוֹת ילדים קטנים **אֵין מְעַנִּין אוֹתָן בְּיוֹם הַכִּפּוּרִים,** אין לחנך אותם למצוות העינוי, ואף אסור למנוע מהם אוכל ושתייה, כדי שלא יבואו לידי סכנה (רמב"ם). **אֲבָל מְחַנְּכִין אוֹתָם לִפְנֵי שָׁנָה וְלִפְנֵי שְׁנָתַיִם** – מרגילים אותם להתענות קודם לשנת החיוב שלהם, תינוק שגופו חלש מתחנך שנה אחת לפני גיל החיוב, ובריא מתחנך שנתיים, **בִּשְׁבִיל שֶׁיִּהְיוּ רְגִילִין בַּמִּצְוֹת,** שכשיגיעו לגיל החיוב, המצוות לא יהיו חדשות וזרות להם. תענית החינוך נעשית למשך מספר שעות בלבד, ולא בכל היום. בגמרא (פב, א) מובאים פירושים נוספים למשנה זו.

ה **עֻבָּרָה שֶׁהֵרִיחָה –**
מַאֲכִילִין אוֹתָהּ עַד שֶׁתָּשִׁיב נַפְשָׁהּ.

חוֹלֶה –
מַאֲכִילִין אוֹתוֹ עַל פִּי בְּקִיאִין.
וְאִם אֵין שָׁם בְּקִיאִין –
מַאֲכִילִין אוֹתוֹ עַל פִּי עַצְמוֹ,
עַד שֶׁיֹּאמַר: "דַּי".

רבי עובדיה מברטנורה

עֻבָּרָה שֶׁהֵרִיחָה. הָעֻבָּר מֵרִיחַ רֵיחַ הַתַּבְשִׁיל וְהִיא מִתְאַוָּה לוֹ, וְאִם אֵינָהּ אוֹכֶלֶת – שְׁנֵיהֶם מְסֻכָּנִים: **עַל פִּי בְּקִיאִים.** רוֹפְאִים מֻמְחִין בְּאֻמָּנוּתָן: **אֵין שָׁם בְּקִיאִין – מַאֲכִילִין אוֹתוֹ עַל פִּי עַצְמוֹ.** הָכִי מְפָרְשָׁה מַתְנִיתִין בַּגְּמָרָא (פג, א): בַּמֶּה דְּבָרִים אֲמוּרִים דְּסוֹמְכִין עַל דִּבְרֵי בְּקִיאִין? בִּזְמַן שֶׁהַחוֹלֶה אוֹמֵר: "אֵינִי צָרִיךְ" אוֹ שׁוֹתֵק, אֲבָל אָמַר: "צָרִיךְ" – **אֵין שָׁם בְּקִיאִין** כְּלָל. כְּלוֹמַר, אֵין בְּקִיאוּתָן חֲשׁוּבָה לִכְלוּם. אֲבָל **מַאֲכִילִין אוֹתוֹ עַל פִּי עַצְמוֹ,** וְאַף עַל פִּי שֶׁהַבְּקִיאִין אוֹמְרִים: "אֵינוֹ צָרִיךְ".

משנה זו עוסקת במקרים שיש צורך לאכול ביום הכיפורים מחמת הסכנה.

עֻבָּרָה, אישה בהריון, **שֶׁהֵרִיחָה** מאכל ביום הכיפורים ומרגישה צורך גדול לאכול ממנו, **מַאֲכִילִין אוֹתָהּ עַד שֶׁתָּשִׁיב נַפְשָׁהּ,** שתתיישב דעתה ותירגע. אישה זו ועוברה נמצאים בסכנת נפשות, ופיקוח נפש דוחה את איסור האכילה ביום הכיפורים.

חוֹלֶה – מַאֲכִילִין אוֹתוֹ עַל פִּי חוות דעתם של **בְּקִיאִין** ברפואה, **וְאִם אֵין שָׁם בְּקִיאִין – מַאֲכִילִין אוֹתוֹ עַל פִּי עַצְמוֹ,** סומכים על דבריו, ואם אמר שהוא מרגיש סכנה אם לא יאכל – מאכילים אותו **עַד שֶׁיֹּאמַר: "דַּי",** שאינו צריך יותר.

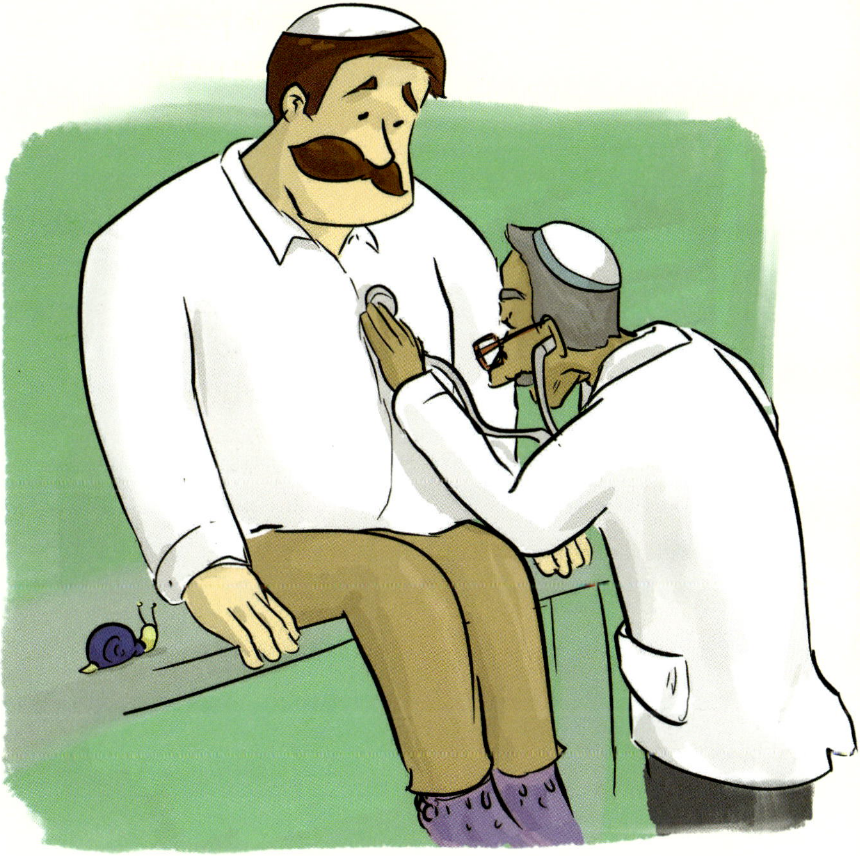

ו מִי שֶׁאֲחָזוֹ בֻּלְמוֹס –
מַאֲכִילִין אוֹתוֹ אֲפִלּוּ דְּבָרִים טְמֵאִים,
עַד שֶׁיֵּאוֹרוּ עֵינָיו.

מִי שֶׁנְּשָׁכוֹ כֶּלֶב שׁוֹטֶה –
אֵין מַאֲכִילִין אוֹתוֹ מֵחֲצַר כָּבֵד שֶׁלּוֹ.
וְרַבִּי מַתְיָא בֶּן חָרָשׁ מַתִּיר.

וְעוֹד אָמַר רַבִּי מַתְיָא בֶּן חָרָשׁ:
הַחוֹשֵׁשׁ בִּגְרוֹנוֹ –
מַטִּילִין לוֹ סַם בְּתוֹךְ פִּיו בַּשַּׁבָּת,
מִפְּנֵי שֶׁהוּא סְפֵק נְפָשׁוֹת,
וְכָל סְפֵק נְפָשׁוֹת דּוֹחֶה אֶת הַשַּׁבָּת.

רבי עובדיה מברטנורה

בֻּלְמוֹס. חֹלִי הָאוֹחֵז מֵחֲמַת רְעָבוֹן, וּמְסֻכָּן לָמוּת, וּכְשֶׁמַּרְאִיתוֹ חוֹזֶרֶת – בְּיָדוּעַ שֶׁנִּתְרַפֵּא: **כֶּלֶב שׁוֹטֶה.** רוּחַ רָעָה שׁוֹרָה עָלָיו. וְסִימָנִים שֶׁלּוֹ: פִּיו פָּתוּחַ, רִירוֹ נוֹטֵף, אָזְנָיו סְרוּחוֹת וּזְנָבוֹ מֻנַּחַת לוֹ בֵּין יַרְכוֹתָיו וּמְהַלֵּךְ עַל צִדֵּי רְשׁוּת הָרַבִּים, וְיֵשׁ אוֹמְרִים: אַף נוֹבֵחַ וְאֵין קוֹלוֹ נִשְׁמָע: **אֵין מַאֲכִילִין אוֹתוֹ מֵחֲצַר כָּבֵד שֶׁלּוֹ.** וְאַף עַל פִּי שֶׁנָּהֲגוּ הָרוֹפְאִים בִּרְפוּאָה זוֹ – אֵינָהּ רְפוּאָה גְּמוּרָה לְהַתִּיר לוֹ אִסּוּר בְּהֵמָה טְמֵאָה עַל כָּךְ: **וְרַבִּי מַתְיָא בֶּן חָרָשׁ – מַתִּיר.** קָסָבַר רְפוּאָה גְּמוּרָה הִיא. וְאֵין הֲלָכָה כְּרַבִּי מַתְיָא בֶּן חָרָשׁ:

הַחוֹשֵׁשׁ בְּשִׁנָּיו. שֶׁמַּתְחִיל בְּשַׂר הַחֲנִיכַיִם לְהִתְאַכֵּל, וּמִשָּׁם הוֹלֵךְ לַחֵךְ וְלַגָּרוֹן: **מַטִּילִין לוֹ סַם.** שֹׁרֶשׁ עֵשֶׂב לִרְפוּאָה: **וְכָל סְפֵק נְפָשׁוֹת – דּוֹחֶה אֶת הַשַּׁבָּת. כָּל,** לְאַתּוּיֵי כְּגוֹן דִּפְשִׁיטָא לָן דִּבְשַׁבָּת זוֹ לֹא יָמוּת, אֶלָּא סָפֵק, שֶׁאִם לֹא יַעֲשׂוּ לוֹ הַיּוֹם – שֶׁמָּא יָמוּת לַשַּׁבָּת הַבָּאָה. וּכְגוֹן דַּאֲמָדוּהוּ לִשְׁתּוֹת סַם זֶה לִתְמַנְיָא יוֹמֵי, וְיוֹמָא קַמָּא שַׁבְּתָא, מַהוּ דְּתֵימָא לְעַכְּבִינְהוּ עַד לְאוּרְתָּא, כִּי הֵיכִי דְּלָא נֵיחוּל עֲלֵיהּ תְּרֵי שַׁבְּתָא, קָא מַשְׁמַע לָן:

משנה זו דנה במקרים שיש בהם סכנת נפשות, והטיפול בהם כרוך באיסורי תורה.

מִי שֶׁאֲחָזוֹ בּוּלְמוֹס, מחלה שבאה לאדם מפני רעב, ואם לא יאכל - יסתכן, **מַאֲכִילִין אוֹתוֹ אֲפִלּוּ דְּבָרִים טְמֵאִים,** מפני שפיקוח נפש דוחה את כל מצוות התורה (מלבד גילוי עריות, עבודה זרה ושפיכות דמים), **עַד שֶׁיֵּאוֹרוּ עֵינָיו** - אחד מסימני מחלה זו הוא פגיעה בחוש הראייה, וכשהאדם חוזר לראות כהוגן, סימן שיצא מכלל סכנה. יש מפרשים שכוונת המשנה היא למחלת הבּוּלִימְיָה הידועה היום או לירידה של רמת הסוכר בדם (היפוגליקמיה).

מִי שֶׁנְּשָׁכוֹ כֶּלֶב שׁוֹטֶה, שנגוע במחלת הכלבת, ויש סכנה לחיי האדם, **אֵין מַאֲכִילִין אוֹתוֹ** ביום הכיפורים **מֵחֲצַר כָּבֵד שֶׁלּוֹ** - בימי קדם, הרופאים היו מטפלים בכלבת באמצעות אכילת חלק מהכבד של הכלב הנושך. חכמים לא התירו להאכיל את החולה בדרך רפואה זו משתי סיבות: רפואה זו לא הייתה מוכחת, ועוד שהיא לא פעלה באופן טבעי אלא באופן סגולי או פסיכולוגי (רמב"ם). **וְרַבִּי מַתְיָא בֶּן חָרָשׁ מַתִּיר,** מפני שלדעתו פיקוח נפש דוחה את המצוות אפילו אם יש ספק או על ידי רפואה סגולית.

וְעוֹד הלכה **אָמַר רַבִּי מַתְיָא בֶּן חָרָשׁ:** אדם **הַחוֹשֵׁשׁ בִּגְרוֹנוֹ - מַטִּילִין לוֹ סַם** תרופה **בְּתוֹךְ פִּיו בְּשַׁבָּת,** ואף מותר להכין אותה על ידי תלישת העשבים, שחיקתם ובישולם, ככל הנצרך, למרות שהוא עושה מלאכות בשבת, **מִפְּנֵי שֶׁהוּא סְפֵק נְפָשׁוֹת, וְכָל סְפֵק נְפָשׁוֹת דּוֹחֶה אֶת הַשַּׁבָּת,** אפילו שהסכנה אינה מִיָּדִית לשבת זו.

ז **מִי שֶׁנָּפְלָה עָלָיו מַפֹּלֶת,**
סָפֵק הוּא שָׁם, סָפֵק אֵינוֹ שָׁם,
סָפֵק חַי, סָפֵק מֵת,
סָפֵק נָכְרִי, סָפֵק יִשְׂרָאֵל –
מְפַקְּחִין עָלָיו אֶת הַגַּל.

מְצָאוּהוּ חַי – מְפַקְּחִין עָלָיו,
וְאִם מֵת – יַנִּיחוּהוּ.

רבי עובדיה מברטנורה

מְפַקְּחִין עָלָיו. חוֹפְרִין אֶת הַגַּל וּמְחַפְּשִׂין אַחֲרָיו. וְאִם בָּדְקוּ עַד חָטְמוֹ, בֵּין מִלְמַעְלָה לְמַטָּה, בֵּין מִלְּמַטָּה לְמַעְלָה, וְלֹא מָצְאוּ בּוֹ נְשָׁמָה – בְּיָדוּעַ שֶׁהוּא מֵת, וְשׁוּב אֵין מְפַקְּחִין עָלָיו, דִּכְתִיב (בראשית ז, כב): "כֹּל אֲשֶׁר נִשְׁמַת רוּחַ חַיִּים בְּאַפָּיו". **מְצָאוּהוּ חַי – מְפַקְּחִין עָלָיו.** לֹא נִצְרְכָה אֶלָּא שֶׁרָאוּ בּוֹ שֶׁאִי אֶפְשָׁר שֶׁיִּחְיֶה אֶלָּא חַיֵּי שָׁעָה וּמִיָּד הוּא מֵת – קָא מַשְׁמַע לָן דִּמְפַקְּחִין עָלָיו בִּשְׁבִיל אוֹתוֹ חַיֵּי שָׁעָה: **מֵת – אֵין מְפַקְּחִין עָלָיו.** הָא קָא מַשְׁמַע לָן, דַּאֲפִלּוּ לְדִבְרֵי הָאוֹמֵר מַצִּילִין אֶת הַמֵּת מִפְּנֵי הַדְּלֵקָה – בְּהָא מוֹדֶה דְּאֵין מְפַקְּחִין. דְּגַבֵּי דְּלֵקָה הִתִּירוּ לְטַלְטֵל הַמֵּת וּלְהוֹצִיאוֹ, דְּאִי לָא שָׁרֵית לֵיהּ – אָתֵי לְכַבּוּיֵי, מִתּוֹךְ שֶׁאָדָם בָּהוּל עַל מֵתוֹ. אֲבָל הָכָא אִי לָא שָׁרֵית לֵיהּ לְפַקֵּחַ אֶת הַגַּל מַאי אִית לֵיהּ לְמֶעְבַּד? דְּתֶהֱוֵי אִסּוּרָא דְּאוֹרָיְיתָא דְּנִשְׁרֵי הָא מִקַּמֵּי הָא:

משנה זו דנה בהצלה של אדם שנפלה עליו מפולת אבנים, בשבת וביום הכיפורים, במקרה שיש ספקות בהצלה זו.

מִי שֶׁנָּפְלָה עָלָיו מַפֹּלֶת אבנים, והוא קבור תחתיה, אך איננו בטוחים במציאות שלפנינו:

סָפֵק אם **הוּא שָׁם,** במקום שהוא מחפש, **סָפֵק אֵינוֹ שָׁם,** ואפילו אם הוא שם – **סָפֵק** אם הוא **חַי, סָפֵק מֵת,** ואפילו אם הוא נמצא שם חי – **סָפֵק נָכְרִי** שמעיקר הדין אין לחלל שבת עבורו (יש להעיר כי הלכה למעשה הפוסקים

התירו הצלת גוי), **סָפֵק יִשְׂרָאֵל – מְפַקְּחִין עָלָיו אֶת הַגַּל** מסלקים את ערימת האבנים. סילוק האבנים אסור בשבת וביום הכיפורים משום מוקצה, אך ספק סכנה דוחה את השבת, כפי ששנינו במשנה הקודמת.

מְצָאוּהוּ חַי תחת האבנים **מְפַקְּחִין עָלָיו,** ממשיכים לסלק את האבנים כדי להצילו.

וְאִם מצאוהו **מֵת** באופן ודאי, **יַנִּיחוּהוּ –** יפסיקו את סילוק האבנים, אך יישארו לשמור על גופתו עד מוצאי היום, משום כבוד המת.

ח **חַטָּאת וְאָשָׁם וַדַּאי – מְכַפְּרִין.**
מִיתָה וְיוֹם הַכִּפּוּרִים – מְכַפְּרִין עִם הַתְּשׁוּבָה.

תְּשׁוּבָה מְכַפֶּרֶת עַל עֲבֵרוֹת קַלּוֹת:
עַל עֲשֵׂה וְעַל לֹא תַעֲשֶׂה.
וְעַל הַחֲמוּרוֹת הִיא תּוֹלָה,
עַד שֶׁיָּבוֹא יוֹם הַכִּפּוּרִים וִיכַפֵּר.

רבי עובדיה מברטנורה

חַטָּאת וְאָשָׁם וַדַּאי – מְכַפְּרִים עִם הַתְּשׁוּבָה. וְלֹא חָשׁ הַתַּנָּא לְהַזְכִּירָהּ, דְּמִסְתַּמָּא כְּשֶׁהוּא מֵבִיא חַטָּאתוֹ וַאֲשָׁמוֹ כְּבָר עָשָׂה תְּשׁוּבָה, שֶׁאִם לֹא הָיָה מִתְחָרֵט - לֹא הָיָה מֵבִיא קָרְבָּן: **אָשָׁם וַדַּאי.** כְּגוֹן: אֲשַׁם גְּזֵלוֹת וַאֲשַׁם מְעִילוֹת: **עַל עֲשֵׂה וְעַל לֹא תַעֲשֶׂה** הַנִּתָּק לַעֲשֵׂה – **תְּשׁוּבָה מְכַפֶּרֶת.** אֲבָל **לֹא תַעֲשֶׂה** שֶׁיֵּשׁ בָּהּ מַלְקוּת, תְּשׁוּבָה **תּוֹלָה וְיוֹם הַכִּפּוּרִים מְכַפֵּר.**

וּמַסְקָנָא דְּמִלְּתָא בַּגְּמָרָא (פו, א): שֶׁאִם הֵזִיד בַּעֲשֵׂה וּבְלָאו הַנִּתָּק לַעֲשֵׂה, אוֹ שָׁגַג בְּלֹא תַעֲשֶׂה שֶׁיֵּשׁ בּוֹ מַלְקוּת וְעָשָׂה תְּשׁוּבָה – אֵינוֹ זָז מִשָּׁם עַד שֶׁמּוֹחֲלִין לוֹ. וְאִם הֵזִיד בְּלָאו שֶׁיֵּשׁ בּוֹ מַלְקוּת – תְּשׁוּבָה תּוֹלָה וְיוֹם הַכִּפּוּרִים מְכַפֵּר. וְאִם שָׁגַג בְּחַיָּבֵי כְּרֵיתוֹת וּמִיתוֹת בֵּית דִּין – הַחַטָּאת מְכַפֶּרֶת עִם הַתְּשׁוּבָה. וְאִם הֵזִיד בָּהֶם – תְּשׁוּבָה וְיוֹם כִּפּוּרִים תּוֹלִין, וְיִסּוּרִין מְמָרְקִין. וְהָנֵי מִלֵּי כְּשֶׁלֹּא חִלֵּל אֶת הַשֵּׁם, כְּלוֹמַר, שֶׁלֹּא חָטָא וְהֶחְטִיא אֲחֵרִים, אֲבָל אִם חִלֵּל אֶת הַשֵּׁם – אֵין כַּפָּרָתוֹ נִגְמֶרֶת עַד שֶׁיָּמוּת. וְכָל זֶה בִּזְמַן שֶׁאֵין שָׁם שָׂעִיר הַמִּשְׁתַּלֵּחַ, אֲבָל בִּזְמַן שֶׁיֵּשׁ שָׂעִיר הַמִּשְׁתַּלֵּחַ – הוּא מְכַפֵּר עַל כָּל הָעֲבֵרוֹת קַלּוֹת וַחֲמוּרוֹת, חוּץ מֵ**עֲבֵרוֹת שֶׁבֵּין אָדָם לַחֲבֵרוֹ**, שֶׁאֵין מִתְכַּפֵּר לוֹ **עַד שֶׁיְּרַצֶּה אֶת חֲבֵרוֹ** (משנה ט):

משנה זו מבארת את דרכי הכפרה על החטאים. אחת מאפשרויות הכפרה המרכזיות היא יום הכיפורים, שעליו נאמרה הבטחת התורה (ויקרא טז, ל): "כי ביום הזה יכפר עליכם לטהר את מכל חטאתֵיכם לפני ה' תטהרו".

קרבנות **חַטָּאת וְאָשָׁם וַדַּאי – מְכַפְּרִין** על העבירות הקשורות לקרבנות אלו, וכפרה זו תלויה בתשובה. החטאת באה על עבירה בשגגה באיסור שהמזיד

בו חייב כרת, והאשם בא על כמה סוגים של עבירות בשוגג שאין בהם חיוב כרת (משנה זבחים ה, ה). גם אדם ששגג ועשה עבירה בטעות צריך לשוב בתשובה, משום שלא נזהר לבדוק היטב שהדבר מותר (רמב"ן בשער הגמול).

בזמן הזה, שאין בית מקדש ואין לנו מזבח לכפרה בקרבנות, נותרה התשובה בלבד, והיא מכפרת על כל העבירות (רמב"ם תשובה א, ג).

אפשרות כפרה נוספת: **מִיתָה וְיוֹם הַכִּפּוּרִים מְכַפְּרִין** על החטא **עִם הַתְּשׁוּבָה** – אם לאחר שעשה תשובה הגיע יום הכיפורים, או שחלילה האדם מת - התכפר חטאו.

תְּשׁוּבָה לבדה, בלא יום הכיפורים או מיתה, **מְכַפֶּרֶת עַל עֲבֵרוֹת קַלּוֹת** שהן עשה ולא תעשה: **עַל עֲשֵׂה** מצווה לעשות דבר מסוים והאדם לא עשה, כגון קביעת מזוזה בפתח הבית. **וְעַל לֹא תַעֲשֶׂה** מצווה להימנע מדבר מסוים, כגון אכילת מאכלים אסורים.

וְעַל העבירות **הַחֲמוּרוֹת הִיא**, התשובה, **תּוֹלָה** את העונש ומגינה על החוטא באופן זמני, **עַד שֶׁיָּבוֹא יוֹם הַכִּפּוּרִים וִיכַפֵּר** לגמרי. בגמרא (פו, א) ובברטנורה מבוארים חילוקים נוספים בכפרת החטאים, לפי חומרתם.

ט הָאוֹמֵר: "אֶחֱטָא וְאָשׁוּב אֶחֱטָא וְאָשׁוּב" –
אֵין מַסְפִּיקִין בְּיָדוֹ לַעֲשׂוֹת תְּשׁוּבָה.
"אֶחֱטָא וְיוֹם הַכִּפּוּרִים מְכַפֵּר" –
אֵין יוֹם הַכִּפּוּרִים מְכַפֵּר.

עֲבֵרוֹת שֶׁבֵּין אָדָם לַמָּקוֹם – יוֹם הַכִּפּוּרִים מְכַפֵּר.
עֲבֵרוֹת שֶׁבֵּין אָדָם לַחֲבֵרוֹ – אֵין יוֹם הַכִּפּוּרִים מְכַפֵּר,
עַד שֶׁיְּרַצֶּה אֶת חֲבֵרוֹ.

אֶת זוֹ דָּרַשׁ רַבִּי אֶלְעָזָר בֶּן עֲזַרְיָה:
"מִכֹּל חַטֹּאתֵיכֶם לִפְנֵי ה' תִּטְהָרוּ" (ויקרא טז, ל):
עֲבֵרוֹת שֶׁבֵּין אָדָם לַמָּקוֹם – יוֹם הַכִּפּוּרִים מְכַפֵּר.
עֲבֵרוֹת שֶׁבֵּין אָדָם לַחֲבֵרוֹ – אֵין יוֹם הַכִּפּוּרִים מְכַפֵּר,
עַד שֶׁיְּרַצֶּה אֶת חֲבֵרוֹ.

אָמַר רַבִּי עֲקִיבָא: אַשְׁרֵיכֶם יִשְׂרָאֵל!
לִפְנֵי מִי אַתֶּם מִטַּהֲרִין?
מִי מְטַהֵר אֶתְכֶם?
אֲבִיכֶם שֶׁבַּשָּׁמַיִם, שֶׁנֶּאֱמַר (יחזקאל לו, כה):
"וְזָרַקְתִּי עֲלֵיכֶם מַיִם טְהוֹרִים וּטְהַרְתֶּם",
וְאוֹמֵר (ירמיה יז, יג): "מִקְוֵה יִשְׂרָאֵל ה'",
מַה מִּקְוֶה מְטַהֵר אֶת הַטְּמֵאִים –
אַף הַקָּדוֹשׁ בָּרוּךְ הוּא מְטַהֵר אֶת יִשְׂרָאֵל.

רבי עובדיה מברטנורה

"אֶחֱטָא וְאָשׁוּב", "אֶחֱטָא וְאָשׁוּב". תְּרֵי זִמְנֵי: אֵין מַסְפִּיקִין בְּיָדוֹ וְכוּ'. שֶׁכֵּיוָן שֶׁעָבַר עֲבֵרָה וְשָׁנָה בָּהּ – שׁוּב אֵינוֹ פּוֹרֵשׁ מִמֶּנָּה, לְפִי שֶׁדּוֹמָה עָלָיו כְּהֶתֵּר:

משנה זו מתארת מקרים שהתנהגות החוטא מעכבת אותו מלשוב בתשובה.

הָאוֹמֵר: "אֶחֱטָא וְאָשׁוּב בתשובה, ולאחר מכן **אֶחֱטָא** שנית **וְאָשׁוּב", אֵין מַסְפִּיקִין**, מסייעים, **בְּיָדוֹ** מן השמים **לַעֲשׂוֹת תְּשׁוּבָה** – בגמרא (פז, א) מבואר שמי שחוזר על עבירה פעמיים היא נתפסת בעיניו כדבר היתר, וקשה לו לפרוש מחטאו, ולכן המשנה כפלה את הביטוי "אחטא ואשוב".

והאומר **"אֶחֱטָא וְיוֹם הַכִּפּוּרִים מְכַפֵּר", אֵין יוֹם הַכִּפּוּרִים מְכַפֵּר** – שחוטא מפני שסומך על כפרת יום הכיפורים, ולא ייתכן שהגורם לחטא הוא בעצמו יכפר על החוטא.

בכל חטא שבין אדם לחברו, כגון גזל ולשון הרע, יש שני היבטים:

א. הפגיעה בחבר ("בין אדם לחברו").

ב. האיסור שעבר על מצוות ה' במעשה זה ("בין אדם למקום").

כדי לשוב בתשובה על חטאים כאלה, צריך לתקן גם את הקלקול שפגע בחבר, וגם את העבירה שעבר על מצוות ה'.

עֲבֵרוֹת שֶׁבֵּין אָדָם לַמָּקוֹם, שהאדם חוטא כלפי ה', כגון אכילת מאכלים אסורים, **יוֹם הַכִּפּוּרִים מְכַפֵּר**, כפי שנדרש מן הפסוק, בהמשך המשנה. ולעומת זאת, **עֲבֵרוֹת שֶׁבֵּין אָדָם לַחֲבֵרוֹ**, שפוגע בזולת, כגון גזל, **אֵין יוֹם הַכִּפּוּרִים מְכַפֵּר, עַד שֶׁיְּרַצֶּה**, שיפייס, **אֶת חֲבֵרוֹ** שפגע בו.

אֶת זוֹ דָּרַשׁ רַבִּי אֶלְעָזָר בֶּן עֲזַרְיָה: "מִכֹּל חַטֹּאתֵיכֶם לִפְנֵי ה' תִּטְהָרוּ", מן הפסוק נלמד: **עֲבֵרוֹת שֶׁבֵּין אָדָם לַמָּקוֹם – יוֹם הַכִּפּוּרִים מְכַפֵּר**, ואלו החטאים שלפני ה'. ולעומת זאת, **עֲבֵרוֹת שֶׁבֵּין אָדָם לַחֲבֵרוֹ – אֵין יוֹם הַכִּפּוּרִים מְכַפֵּר עַד שֶׁיְּרַצֶּה אֶת חֲבֵרוֹ.**

אָמַר רַבִּי עֲקִיבָא דברי חיזוק: **אַשְׁרֵיכֶם** עם **יִשְׂרָאֵל! לִפְנֵי מִי אַתֶּם מִטַּהֲרִין** כשאתם חוזרים בתשובה? **מִי מְטַהֵר אֶתְכֶם** ביום הכיפורים? ה', שהוא **אֲבִיכֶם שֶׁבַּשָּׁמַיִם, שֶׁנֶּאֱמַר: "וְזָרַקְתִּי עֲלֵיכֶם מַיִם טְהוֹרִים וּטְהַרְתֶּם"; וְאוֹמֵר** פסוק נוסף: **"מִקְוֵה יִשְׂרָאֵל ה'"**, כלומר המקווה של עם ישראל הוא ה'. והנמשל הוא: **מַה מִּקְוֶה מְטַהֵר אֶת הַטְּמֵאִים** שנכנסים לתוכו, **אַף הַקָּדוֹשׁ בָּרוּךְ הוּא מְטַהֵר אֶת יִשְׂרָאֵל**, ששבים בתשובה.

יום הכיפורים הוא יום מיוחד בשנה, שבו נמחלים עוונותיהם של כל עם ישראל, ובו אנו שבים בתשובה על המחשבות, הדיבורים והמעשים הרעים. יהי רצון שמתוך תשובה זו תחזינה עינינו במהרה במראה הנהדר של הכוהן הגדול בבית המקדש.

לעילוי נשמת

משה יוסף (יוז׳י) בן צבי הרשל פריד

לעילוי נשמת

יעקב משה בן ידידה ואהרן ז״ל

נלב״ע כ״ה אדר

מרת שושנה בת חנה ורבי ע״ה

נלב״ע ד׳ טבת

על ידי בנם הנדיב יוסף משה, נרו יאיר

לעילוי נשמת

דוד בן משה ז״ל

משה יוסף בן צבי ז״ל

קורן ירושלים